KB153365

한 번만 봐도 기억에 남는
테마별 회화
힌디어단어
2300

이동원 지음

머리말

힌디어는 인도의 공용어(Official language)이자 헌법에 명시된 22개의 지정어(Scheduled Language) 중 하나입니다. 다언어 국가인 인도에는 국어(National Language)가 없습니다. 대신 공용어인 힌디어와 영어가 중앙정부와 주(州)정부 사이를 잇는 교통어로 기능하고 있지요.

힌디어는 '힌디어 벨트(Hindi Belt)'라고 불리는 서북부를 중심으로 인도 거의 모든 지역에서 통용됩니다. 2011 Census of India 통계에 의하면 인도 내 힌디어를 모어(母語)로 사용하는 인구는 약 5억 2천만 명(43.63%)이며, 힌디어를 제2, 제3 언어로 사용하는 인구까지 합하면 약 6억 9천만 명(57.1%)에 달합니다. 오늘날 인도 정부가 계속해서 힌디어를 우선하는 정책을 내세우면서 앞으로 힌디어의 중요성은 더욱 커질 것입니다.

이 책은 힌디어를 처음 접하는 독자들을 위해 문자부터 기초 문법까지 첫머리에 정리되어 있습니다. 힌디어는 우리말과 어순이 크게 다르지 않습니다. 게다가 힝글리시(Hinglish)라고 하여 힌디어와 영어를 섞어 쓰는 습관이 있지요. 따라서 힌디어 기본 문장구조만 알아도 이 책에서 제시된 힌디어 단어와 영어 단어를 병용하여 인도인들과 대화를 나눌 수 있을 것입니다.

이 책이 인도를 이해하고 소통하는 데 작은 길잡이가 되기를 바랍니다. 마지막으로 이 책을 만드는 과정에서 더 적합한 단어가 무엇인지 함께 고민해주신 Nrusingha Charan Kar 교수님과 이 책이 나오기까지 오랜 시간 애써주신 비타민북 편집부에 감사의 인사를 전합니다.

저자 이동원

이 책의 특징

이 책은 본문을 10개 테마(Theme)로 나누고, 테마별로 작은 Unit을 두어 다양한 주제별 어휘(전체 어휘 약 2,300개 정도)를 실었다.

★ 그림 단어

재미있게 단어를 외울 수 있도록 그림을 함께 실었고, 힌디어에 더욱 쉽게 접근할 수 있도록 발음을 한글로 표기하였다. 또한 각 단어 아래에는 실생활 회화에서 흔히 사용되는 짧은 문장을 실어, 그 단어가 생생하게 연상 기억될 수 있도록 하였다.

★ 관련 단어

그림 단어와 관련된 테마의 단어를 보충하여, 힌디어의 어휘를 한층 더 넓힐 수 있게 하였다.

★ 회화와 짧은 문장

테마별 상황에 관련된 짧은 회화나 단어를 이용한 문장을 실어, 힌디어로 읽고 익힐 수 있게 하였다.

★ 복습문제

Theme가 끝날 때마다 복습문제를 두어, 단어를 익힌 후에는 스스로 테스트해 볼 수 있도록 하였다.

★ 한글과 힌디어 색인(Index)

본문에 나온 어휘를 가나다 순의 한글 색인과 알파벳 순의 힌디어 색인으로 만들어, 한글과 힌디어 어느 쪽으로든 찾아보기 쉽게 배려하였다.

CONTENTS

Theme 4

शहर 도시 129

Theme 5

यातायात 교통 179

Theme 6

कार्य 업무 211

힌디어 문자

인도의 공용어인 힌디어는 인도유럽어족의 인도-이란어파에 속합니다. 힌디어는 데브나그리(देवनागरी) 문자를 사용하며, 모음 11개와 자음 35개로 이루어져 있습니다.

모음

अ	आ	इ	ई	उ	ऊ
아/어	아-	이	이-	우	우-
ऋ	ए	ऐ	ओ	औ	
리(ri)	에	애	오	어오	

힌디어 모음은 단모음과 장모음으로 나눌 수 있습니다. 모음의 길이에 따라 단어의 뜻이 달라지기 때문에 장 · 단모음 구별에 유의해야 합니다.

단모음	अ	इ	उ				
	아/어	이	우				
장모음	आ	ई	ऊ	ए	ऐ	ओ	औ
	아-	이-	우-	에	애	오	어오

- अ는 /아/와 /어/의 중간발음입니다.
- ऋ는 자음 र와 모음 इ가 결합된 것으로 /리/로 짧게 발음합니다. 혀가 입천장에 닿지 않아 소리가 입 밖으로 나갈 때 막힘이 없기 때문에 모음으로 분류됩니다.
- औ는 /어오/와 /오우/의 중간 발음입니다. 뒤에 व(v/w)가 오면 /아우/로 발음되기도 합니다.

자음

क	ख	ग	घ	ङ
까/꺼	카/커	가/거	가^h/거^h	응아/응어
च	छ	ज	झ	ञ
짜/쩌	차/처	자/저	자^h/저^h	냐/녀
ट	ठ	ड	ढ	ण
따/떠	타/터	다/더	다^h/더^h	나/너
त	थ	द	ध	न
따/떠	타/터	다/더	다^h/더^h	나/너
प	फ	ब	भ	म
빠/뻐	파/퍼	바/버	바^h/버^h	마/머
य	र	ल	व	
야/여(y)	라/러	라/러	바/버(v/w)	
श	ष	स	ह	
샤/셔	샤/셔	사/서	하/허	
ड़	ढ़			
라/러	라^h/러^h			

조음의 위치와 방법에 따라 자음을 분류하면 다음과 같습니다.

방법＼위치	양순음	순치음	치음	치경음	치경구개음 (반전음)	경구개음	연구개음	구개수음	성문음
파열음	प (빠)		त (따)		ट (따)		क (까)	क़ (까 q)	
	फ (파)		थ (타)		ठ (타)		ख (카)	ख़ (카 x)	
	ब (바)		द (다)		ड (다)		ग (가)	ग़ (가 ġ)	
	भ (바^{h})		ध (다^{h})		ढ (다^{h})		घ (가^{h})		
파찰음						च (짜)			
						छ (차)			
						ज (자)			
						झ (자^{h})			
비음	म (마)			न (나)	ण (나)	ञ (냐)	ङ (응아)		
마찰음		फ़ (파 f)		ज़ (자 z)					
				स (사)	ष (샤)	श (샤)			ह (하)
설측음				ल (라)					
설전음				र (라)					
설탄음					ड़ (라)				
					ढ़ (라^{h})				
반모음	व (버 v/w)					य (야)			

- **क, च, ट, त, प**는 무성무기음, **ख, छ, ठ, थ, फ**는 무성유기음, **ग, ज, ड, द, ब**는 유성무기음, **घ, झ, ढ, ध, भ**는 유성유기음입니다. 우리말에서 따로 구별하지 않는 유성무기음과 유성유기음 발음에 유의해야 합니다.

- ट, ठ, ड, ढ, ण, ष, ड़, ढ़는 입천장 가장 옴폭 들어간 곳을 향해 혀끝을 말아 올린 뒤 소리를 내는 권설음입니다.
- ड़, ढ़는 혀끝을 말아 올렸다가 제자리로 돌아가는 도중 치경돌기 뒷부분을 툭 쳐서 소리를 내는 설탄음입니다. 우리말 '빨래'의 '빨'을 발음할 때의 /ㄹ/와 유사합니다.
- र는 영어의 /r/ 또는 우리말 '사랑'을 발음할 때의 /ㄹ/와 유사하고, ल는 영어의 /l/ 또는 우리말 '쌀'을 발음할 때의 /ㄹ/와 유사합니다.
- क़, ख़, ग़, ज़, फ़와 같이 글자 아래 점(◌़)이 있는 자음은 외래어에서 온 것입니다.

자음과 모음의 결합

데브나그리 문자의 표기 체계는 음절 문자와 자모 문자의 특징을 모두 지닌 아부기다(abugida)입니다. 힌디어 자음에는 기본적으로 모음 अ(아/어)가 내재되어 있으며, 거기에 모음 기호가 더해져 음절을 이룹니다.

अ	आ	इ	ई	उ	ऊ	ऋ	ए	ऐ	ओ	औ
아/어	아–	이	이–	우	우–	리(ri)	에	애	오	어오
	◌ा	ि◌	◌ी	◌ु	◌ू	◌ृ	◌े	◌ै	◌ो	◌ौ
अ	आ	इ	ई	उ	ऊ	ऋ	ए	ऐ	ओ	औ
까/꺼	까-	끼	끼-	꾸	꾸-	끄리	께	깨	꼬	아오

- उ/ऊ가 र과 결합될 때 예외적으로 변형된 형태가 나타납니다.

रु	रू
루	루-

● 외래어 모음 중 /어/와 /오/의 중간 발음은 ऑ(ॉ)로 표기합니다.

ऑफ़िस [어피스] 사무실 कॉलेज [껄레즈] 대학, 컬리지

● 힌디어 모음에 초승달점(ँ)을 붙여 비모음을 만듭니다. 초승달점은 점(ं)으로도 표기되는데, 특히 머릿줄 위에 모음기호나 자음기호가 오는 경우 점(ं)만 쓰는 것이 일반적입니다.

कँ कँ

까~/깡~ 끼~/낑~

● 자음이 모음 없이 단독으로 사용될 때에는 모음 탈락 기호(्)가 붙습니다.

क्

ㄲ

자음과 자음의 결합

두 개 이상의 힌디어 자음이 모음 없이 사용되기도 합니다. 힌디어 자음과 자음이 결합할 때에는 다음과 같이 몇 가지 방법을 따릅니다.

자음에 수직선이 있는 경우 수직선을 지워줍니다.

न् + य = न्य धन्यवाद [다ᄂ냐와-드] 고마워요

स् + त = स्त नमस्ते [나마스떼] 안녕하세요

क와 फ처럼 수직선이 가운데 있는 자음은 수직선과 함께 오른쪽에 짧은 선을 남겨줍니다.

फ़् + त = फ़्त दफ़्तर [다프따르] 사무실

자음에 수직선이 없는 경우 모음 탈락 기호(्)를 사용합니다.

ड् + ड = ड्ड हवाई अड्डा [하와-이- 앗다-] 공항

뒤에 오는 자음을 앞에 오는 자음 밑에 연결하여 쓰기도 합니다.

क् + क = क्क मक्का [막까-] 옥수수

द् + य = द्य विद्युत [비듀뜨] 전기

न् + न = न्न अनन्नास [아난나-스] 파인애플

ष् + ट = ष्ट कष्ट [까슈뜨] 괴로움, 고통

두 자음이 만나 완전히 새로운 형태로 변하기도 합니다.

क् + ष = क्ष क्षत्रिय [끄샤뜨리여] 크샤트리아

ज् + ञ = ज्ञ ज्ञान [갼-] 지식

त् + र = त्र छात्र [빠뜨러] 학생

श् + र = श्र श्री [슈리-] 님, 씨, Mr.

● श의 경우

श् + च = श्च निश्चय [니슈짜에] 결정

श् + न = श्न प्रश्न [쁘라슌] 질문

श् + व = श्व विश्वविद्यालय [비슈워비댤-라에] 대학교

- ह의 경우

ह् + व = ह्व　　जिह्वा [지흐와-] 혀; 말

ह् + म = ह्म　　ब्राह्मण [브라-흐만] 브라만

ह् + य = ह्य　　बाह्य [바-혀] 밖의

- र의 경우 (1): र् + 자음

र् + य = र्य　　कार्य [까-려] 일

र् + म = र्म　　कर्मचारी [까름짜-리-] 직원

- र의 경우 (2): 자음 + र्

प् + र = प्र　　प्रेम [쁘렘] 사랑

द् + र = द्र　　समुद्र [사무드러] 바다

ट् + र = ट्र　　मेट्रो [메뜨로] 전철

- 비자음(ङ, ञ, ण, न, म)의 경우

비자음 뒤에 다른 자음이 오는 경우 비자음은 선행하는 음절의 머릿줄 위에 점(ं)으로 표기됩니다.

ङ् + ख = ंख　　पङ्खा → पंखा [빵카-] 선풍기

ञ् + च = ंच　　काञ्च → कांच [깐-쯔] 유리

ण् + ड = ंड　　अण्डा → अंडा [안다-] 알

न् + द = ◌ंद　चन्द्र → चंद्र [짠드러] 달

म् + ब = ◌ंब　कम्बल → कंबल [깜발] 담요

단, 비자음이 연속적으로 사용되거나 비자음 뒤에 य, र, ल, व, ह가 오는 경우에는 점(◌ं)으로 표기되지 않습니다.

ङ् + म = ङ्म　वाङ्मय [왕-마에] 문학

न् + न = न्न　अनन्नास [아난나-스] 파인애플

न् + य = न्य　अन्य [아녀] 다른

म् + न = म्न　निम्न [님너] 밑의, 아래의

म् + ह = म्ह　तुम्हारा [뚬하-라-] 너의; 너희의

숫자

०	१	२	३	४	५	६	७	८	९
0	1	2	3	4	5	6	7	8	9
슈-녀	에끄	도	띤-	짜-르	빵-~쯔	체헤	사-뜨	아-트	노우

발음

1. 장 · 단모음의 구별

힌디어에서는 장 · 단모음의 구별이 매우 중요합니다. 모음의 길이에 따라 단어의 뜻이 달라지기 때문에 발음할 때 항상 유의해야 합니다.

कम [깜] 적은 **काम** [깜-] 일

그러나 장 · 단모음이 표기된 대로 발음되지 않는 경우도 있습니다. 문장에서 강조하거나 중요한 단어는 강세를 받아 길게 발음되고, 단어 끝에 오는 장모음은 상대적으로 짧게 발음됩니다.

2. 단모음 अ의 발음

1) 단어의 끝에 오는 단모음 अ는 발음되지 않습니다.

काम [까마 X] [깜- O] 일
ठीक [티-까 X] [틱- O] 옳은, 적당한

● 단어의 끝에 오는 단모음 अ가 복자음과 사용되는 경우 /어/ 또는 /으/에 가깝게 발음됩니다.

छात्र [차-뜰 X] [차-뜨러 O] 학생

2) [모음 + 자음 + अ + 자음 + 모음]에서 모음 사이에 낀 단모음 अ는 발음되지 않습니다.

कमरा [까마라- X] [까므라- O] 방

● 단모음 अ 뒤에 발음되지 않는 단모음 अ가 오는 경우 앞의 단모음 अ는 발음됩니다.

कमल [까믈 X] [까말 O] 연꽃

3) [자음 + अ + ह]에서 앞의 단모음 अ는 짧은 /에/에 가깝게 발음됩니다.

यह [야흐 X] [예흐 O] 이, 이것

बहन [바한 X] [베헨/베흔 O] 여자 형제

3. 반모음 य와 व의 발음

1) **य**는 단어 끝에서 /이/ 또는 짧은 /에/로 발음됩니다.

चाय [짜-으 X] [짜-이/짜-에 O] 짜이(인도식 밀크티)

2) **व**는 단어 끝에서 /오/ 또는 짧은 /우/로 발음됩니다.

तनाव [따나-브 X] [따나-오/따나-우 O] 긴장, 스트레스

गाँव [강-~브 X] [가-오~/가-우~ O] 마을

3) **व**는 우리말의 순경음 /ㅸ/와 유사한 양순음으로 때로는 영어의 /v/에 가깝게, 때로는 /w/에 가깝게 발음됩니다.

● **व**는 장모음 **आ** 앞 또는 자음 뒤에 올 때 /w/에 가깝게 발음됩니다.

दरवाज़ा [다르와-자-] 문

स्वयं [스와양~] 스스로

● 그 외의 경우 /v/에 가깝게 발음됩니다.

विदेश [비데시] 외국

4. 비사르그(विसर्ग, ः)의 발음

비사르그(विसर्ग, ः)는 산스크리트 차용어휘에서 볼 수 있으며 /ㅎ/로 발음합니다.

अतः [아따ㅎ] 그러므로

- 이 책에서는 최대한 원어 발음에 가깝게 표기하려고 했으며, 이를 위해 몇 가지 기호를 사용했습니다. h는 유기음, ~는 비모음, 밑줄은 권설음을 각각 가리킵니다.

- 힌디어의 마침표는 '।'입니다.

힌디어 기초 문법

문장구조

힌디어의 문장구조는 [주어 + 목적어/보어 + 서술어]로 우리말과 비슷합니다.

मैं 주어 कोरियाई 보어 हूँ 서술어 । [매~ 꼬리야-이- 훙-~]
나는 한국인입니다.

मैं 주어 खाना 목적어 खाता/*खाती हूँ 서술어 ।
[매~ 카-나- 카-따-/카-띠- 훙-~] 내가 밥을 먹습니다.

인칭 · 지시대명사

인칭 \ 수	단수	복수
1인칭	मैं [매~] 나	हम [함] 우리
2인칭	तू [뚜-] 너	तुम [뚬] 너희, 자네들; 너, 자네 आप [압-] 당신들; 당신
3인칭·지시	वह [베헤] 그; 그것 यह [예헤] 이; 이것	वे [베] 그들; 그분 ये [예] 이들; 이분

- 복수 인칭대명사 हम, तुम, आप, वे, ये는 한 명을 가리킬 때에도 사용되며, 이를 '존칭복수'라고 합니다. 여러 명을 가리킬 때에는 대명사 뒤에 '사람들'이라는 뜻의 명사 लोग [로그]를 붙이기도 합니다.

  आप [압-] 당신들; 당신

  आप लोग [압- 로그] 당신들

होना 동사

होना [호나-] 동사는 '~이다, 있다'라는 뜻으로 영어의 be동사와 비슷합니다.

1. 인칭 · 지시대명사와 होना 동사의 현재형

<table>
<tr><th>수
인칭</th><th colspan="2">단수</th><th colspan="2">복수</th></tr>
<tr><td>1인칭</td><td>मैं [매~]</td><td>हूँ [훙–~]</td><td>हम [함]</td><td>हैं [행~]</td></tr>
<tr><td>2인칭</td><td>तू [뚜-]</td><td rowspan="3">है [해]</td><td>तुम [뚬]</td><td>मैं [매~]</td></tr>
<tr><td rowspan="2">3인칭·지시</td><td rowspan="2">वह [베헤]
यह [예헤]</td><td>आप [압-]</td><td rowspan="2">हैं [행~]</td></tr>
<tr><td>वे [베]
ये [예]</td></tr>
</table>

2. 인칭 · 지시대명사와 होना 동사의 과거형

<table>
<tr><th>수
인칭</th><th colspan="2">단수</th><th colspan="2">복수</th></tr>
<tr><td>1인칭</td><td>मैं [매~]</td><td rowspan="5">था [타–] / *थी [티–]</td><td>हम [함]</td><td rowspan="5">थे [테] / *थीं [팅-~]</td></tr>
<tr><td>2인칭</td><td>तू [뚜-]</td><td>तुम [뚬]</td></tr>
<tr><td rowspan="3">3인칭·지시</td><td rowspan="3">वह [베헤]
यह [예헤]</td><td>आप [압-]</td></tr>
<tr><td>वे [베]
ये [예]</td></tr>
<tr></tr>
</table>

3. 인칭 · 지시대명사와 होना 동사의 완료형

<table>
<tr><th>수
인칭</th><th colspan="2">단수</th><th colspan="2">복수</th></tr>
<tr><td>1인칭</td><td>मैं [매~]</td><td rowspan="3">हुआ [후아-] /
*हुई [후이-]</td><td>हम [함]</td><td rowspan="4">हुए [후에] /
*हुईं [후잉-~]</td></tr>
<tr><td>2인칭</td><td>तू [뚜-]</td><td>तुम [뚬]</td></tr>
<tr><td rowspan="2">3인칭·지시</td><td rowspan="2">वह [베헤]
यह [예헤]</td><td>आप [압-]</td></tr>
<tr><td></td><td>वे [베]
ये [예]</td></tr>
</table>

4. 인칭 · 지시대명사와 होना 동사의 미래형

<table>
<tr><th>수
인칭</th><th colspan="2">단수</th><th colspan="2">복수</th></tr>
<tr><td>1인칭</td><td>मैं [매~]</td><td>होऊँगा [호웅-~가-] /
*होऊँगी [호웅-~기-]</td><td>हम [함]</td><td>होंगे [홍~게] /
*होंगी [홍~기-]</td></tr>
<tr><td>2인칭</td><td>तू [뚜-]</td><td rowspan="3">होगा [호가-] /
*होगी [호기-]</td><td>तुम [뚬]</td><td>होगे [호게] /
*होगी [호기-]</td></tr>
<tr><td rowspan="2">3인칭·지시</td><td rowspan="2">वह [베헤]
यह [예헤]</td><td>आप [압-]</td><td rowspan="2">होंगे [홍~게] /
*होंगी [홍~기-]</td></tr>
<tr><td>वे [베]
ये [예]</td></tr>
</table>

의문문

1. 설명의문문

의문사를 사용해서 설명의문문을 만듭니다. 의문사는 본동사 앞에 오는 것을 원칙으로 하며, 이때 문장 끝 억양을 올리지 않습니다.

कौन [꼬운] 누가

कहाँ [까항-~] 어디서

कैसे [깨쎄-] 어떻게

किधर [끼다ʰ르] 어느 쪽으로

कितना [끼뜨나-] 얼마나

कब [깝] 언제

क्या [꺄-] 무엇을; 무슨

क्यों [꾭-] 왜

कैसा [깨사-] 어떠한

वह कौन है? [베헤 꼬운 해?] 그/그녀는 누군가요?

वह कहाँ है? [베헤 까항-~ 해?] 그/그녀/그것은 어디에 있나요?

वह क्या है? [베헤 꺄- 해?] 그것은 무엇인가요?

- 의문형용사 **कैसा**[깨사-]와 **कितना**[끼뜨나-]는 수식하는 명사의 성 · 수 · 격에 따라 형태가 바뀝니다.

  वह कैसा है? [베헤 깨사- 해?] 그는 어때?

  वह कैसी है? [베헤 깨씨- 해?] 그녀는 어때?

2. 일반의문문

의문사 क्या[꺄-]를 사용하여 '네' 또는 '아니오'로 답하는 의문문을 만듭니다. 이때 문장 끝 억양을 올리며, 의문표지 क्या[꺄-]는 문장 맨 앞에 오나 생략 가능합니다.

(क्या) वह कोरियाई है? [(꺄-) 베헤 꼬리야-이- 해]
그/그녀가 한국인이야?

일반의문문에 대한 긍정의 답은 हाँ[항-~] 부정의 답은 नहीं[나힝-~]로 합니다. नहीं[나힝-~]은 부정문을 만들 때에도 사용되며, 본동사 앞에 오는 것이 원칙입니다.

हाँ, वह कोरियाई है। [항-~, 베헤 꼬리야-이- 해]
응, 그/그녀는 한국인이야.

नहीं, वह कोरियाई नहीं है। [나힝-~, 베헤 꼬리야-이- 나힝-~ 해]
아니, 그/그녀는 한국인이 아니야.

- हाँ[항-~]과 नहीं[나힝-~]로 앞에 जी[지-]를 붙여 존대를 할 수 있습니다. 긍정의 답을 할 때에는 हाँ[항-~]을 생략하고 जी[지-]만 쓰기도 합니다.

  जी हाँ। [지- 항-~] 네.
  जी नहीं। [지- 나힝-~] 아니오.

- जी[지-]는 이름, 직함 등에 붙여 존경을 나타낼 수 있습니다.

  माता जी [마-따- 지-] 어머니
  प्रोफ़ेसर अनिल जी [쁘로페사르 아닐 지-] 아닐 교수님

후치사

힌디어에는 우리말 격조사와 비슷한 기능을 하는 후치사가 있습니다. 후치사는 앞에 오는 명사를 사격으로 만들어줍니다.

1. का [까] ~의: 소유격 후치사

का[까]는 소유, 혈연, 관계, 종속, 재료, 용도 등을 표현하는 소유격 후치사입니다. -**आ**로 끝나는 형용사처럼 활용되어 뒤에 오는 명사의 성 · 수 · 격에 따라 형태가 바뀝니다.

आपका नाम [압-까 남-] 당신의 이름

यह आपके दोस्त की किताब है। [예헤 압-께 도스뜨 끼- 끼땁- 해]

이것은 당신 친구의 책입니다.

यह किताब आपके दोस्त की है। [예헤 끼땁- 압-께 도스뜨 끼- 해]

이 책은 당신 친구의 것입니다.

2. को [꼬] ~을/를: 목적격 후치사, ~에게: 여격 후치사

को[꼬]는 동작의 대상을 나타내는 목적격 또는 여격 후치사입니다.

आपको [압-꼬] 당신을, 당신에게

वन को [반 꼬] 숲으로

- 요일이나 하루의 때를 가리키는 단어 뒤에 **को**[꼬]가 사용되기도 합니다.

सोमवार को [솜와-르 꼬] 월요일에

शाम को [샴- 꼬] 저녁에

3. से [쎄] **~로(써)**: 도구격 후치사, **~(로)부터**: 탈격후치사

से[쎄]는 수단, 방법, 재료, 원인 등을 나타내는 도구격 후치사입니다.

बस से [바스 쎄] 버스로

आराम से [아-람- 쎄] 편안하게 (**आराम** 휴식, 쉼)

से[쎄]가 장소 또는 시간으로부터의 이탈을 나타내는 탈격 후치사로도 사용됩니다.

दिल्ली से [딜리- 쎄] 델리로부터

कल से [깔 쎄] 어제부터

- से[쎄]를 사용하여 비교의 표현을 할 수 있습니다.

  तुमसे [뚬쎄] 너보다

  सबसे [삽쎄] 모두보다; 가장 (최상급)

4. में [메~] **~에(서)**

में[메~]는 공간 또는 시간의 범위를 나타내는 처소격 후치사로 영어의 전치사 in과 유사합니다.

दिल्ली में [딜리- 메~] 델리에서

जुलाई में [줄라-이- 메~] 칠월에

5. पर [빠르] ~에

पर[빠르]는 공간 또는 시간상 좁은 범위를 나타내는 처소격 후치사로 영어의 전치사 on과 유사합니다.

समय पर [사마에 빠르] 제때에, 정시에

मेज़ पर [메즈 빠르] 책상에

6. तक [딱] ~까지

तक[딱]는 공간 또는 시간적인 범위의 끝을 나타내는 처소격 후치사입니다.

दिल्ली तक [딜리- 딱] 델리까지

आज तक [아-즈 딱] 오늘까지

7. ने [네] ~이/가

ने[네]는 타동사의 완료형이 서술부에 왔을 때 주어에 붙는 행위격 후치사입니다.

उसने कहा। [우스네 까하-] 그/그녀가 말했다.

복합후치사

복합후치사는 [소유격 후치사의 사격 형태 + 명사/부사의 사격]으로 구성되며, 후치사와 마찬가지로 앞에 오는 명사를 사격으로 만들어줍니다. 다양한 복합후치사가 시간, 장소, 방법을 나타내는 부사로 사용됩니다.

के लिए [께 리에] ~를 위하여; ~에게; ~ 동안

के साथ [께 사-트] ~와 함께

की तरह [끼- 따라흐] ~처럼

के बाद [께 바-드] ~ 후에

के पास [께 빠-스] ~의 옆에, 가까이에

की ओर [끼- 오르] ~ 쪽으로

- 의미에 따라 소유격 후치사 대신 탈격 후치사 से[쎄]를 사용하는 경우도 있습니다.

  से पहले [쎄 뻬흘레] ~보다 이전에

성 · 수 · 격 일치

힌디어에서는 남성/여성, 단수/복수, 직격/사격이 구별됩니다. 성 · 수 · 격에 따라 명사, 대명사, 형용사의 형태가 달라지니 유의해야 합니다.

1. 명사

명사의 성 · 수 · 격에 따른 접사는 아래 표와 같습니다.

수 / 인칭 격		단수		복수	
		직격	사격	직격	사격
남성	-आ로 끝나는 명사	-आ	-ए	-ए	-ओं
	그 외				+ -ओं
여성	-ई로 끝나는 명사	-ई	-ई	-इयाँ	-इयों
	그 외			+ -एँ	+ -ओं

수 / 인칭 격		단수		복수	
		직격	사격	직격	사격
남성	-आ로 끝나는 명사	लड़का [라르까]	लड़के [라르께]	लड़के [라르께]	लड़कों [라르꽁~]
	그 외	घर [가^h-르]	घर [가^h-르]	घर [가^h-르]	घरों [가^h-롱~]
		भाई [바^h-이-]	भाई [바^h-이-]	भाई [바^h-이-]	भाइयों [바^h-이용-~]
여성	-ई로 끝나는 명사	लड़की [라르끼-]	लड़की [라르끼-]	लड़कियाँ [라르끼양-~]	लड़कियों [라르끼용-~]
	그 외	बहन [베헨]	बहन [베헨]	बहनें [베흐넹~]	बहनों [베흐농~]
		भाषा [바^h-샤-]	भाषा [바^h-샤-]	भाषाएँ [바^h-샤-엥~]	भाषाओं [바^h-샤-옹~]

- 명사가 -अ로 끝나는 경우 -अ를 탈락시킨 뒤 접사를 붙입니다.
- -ई, -ऊ로 끝나는 남성 명사는 복수 사격 형태에서 각각 -इ, -उ로 짧아진 뒤 접사와 결합합니다.
- -इ, -इया로 끝나는 여성 명사는 -ई로 끝나는 여성 명사와 같이 변합니다.

2. 형용사

힌디어 형용사는 크게 -आ로 끝나는 형용사와 그 외 모음으로 끝나는 형용사로 구분됩니다. -आ로 끝나는 형용사는 수식하는 명사의 성 · 수 · 격에 따라 아래 표와 같이 변합니다.

수 / 격 / 인칭	단수		복수	
	직격	사격	직격	사격
남성	अच्छा [앗차-]	अच्छे [앗체]	अच्छे [앗체]	अच्छे [앗체]
여성	अच्छी [앗치-]	अच्छी [앗치-]	अच्छी [앗치-]	अच्छी [앗치-]

- 그 외 모음으로 끝나는 형용사는 변하지 않습니다.

3. 대명사

인칭 \ 수·격	단수		복수	
	직격	사격	직격	사격
1인칭	मैं [매~]	मुझ [무즈^h]	हम [함]	
2인칭	तू [뚜-]	तुझ [뚜즈^h]	तुम [뚬]	
			आप [압-]	
3인칭 · 지시	वह [베헤]	उस [우스]	वे [베]	उन [운]
	यह [예헤]	इस [이스]	ये [예]	इन [인]
의문	क्या [꺄-] कौन [꼬운]	किस [끼스]	क्या [꺄-] कौन [꼬운]	किन [낀]

● 대명사가 몇몇 후치사와 결합할 때 불규칙 변화합니다.

대명사 + 소유격 후치사 का

인칭 \ 수·격	단수		복수	
	직격	소유격(+का)	직격	소유격(+का)
1인칭	मैं [매~]	मेरा [메라-]	हम [함]	हमारा [하마-라-]
2인칭	तू [뚜-]	तेरा [떼라-]	तुम [뚬]	तुम्हारा [뚬하-라-]
			आप [압-]	आपका [압-까-]
3인칭 · 지시	वह [베헤]	उसका [우스까-]	वे [베]	उनका [운까-]
	यह [예헤]	इसका [이스까-]	ये [예]	इनका [인까-]
의문	क्या [꺄-] कौन [꼬운]	किसका [끼스까-]	क्या [꺄-] कौन [꼬운]	किनका [낀까-]

대명사 + 행위격 후치사 ने

인칭 \ 수 · 격	단수		복수	
	직격	행위격(+ ने)	직격	행위격(+ ने)
1인칭	मैं [매~]	मैंने [매-~네]	हम [함]	हमारा [하마-라-]
2인칭	तू [뚜-]	तूने [뚜-네]	तुम [뚬]	तुम्हारा [뚬하-라-]
			आप [압-]	आपका [압-까-]
3인칭 · 지시	वह [베헤]	उसने [우스네]	वे [베]	उन्होंने [운홍~네]
	यह [예헤]	इसने [이스네]	ये [예]	इन्होंने [인홍~네]
의문	क्या [꺄-] कौन [꼬운]	किसने [끼스네]	क्या [꺄-] कौन [꼬운]	किन्होंने [낀홍~네]

- 대명사가 को [꼬]와 결합할 때에는 일반적으로 아래 표의 축약형이 사용됩니다.

인칭 \ 수 · 격	단수		복수	
	직격	행위격(+ ने)	직격	행위격(+ ने)
1인칭	मैं [매~]	मुझे [무제^h]	हम [함]	हमें [하멩~]
2인칭	तू [뚜-]	तुझे [뚜제^h]	तुम [뚬]	तुम्हें [뚬헹~]
			आप [압-]	आपको [압-꼬]
3인칭 · 지시	वह [베헤]	उसे [우쎄]	वे [베]	उन्हें [운헹~]
	यह [예헤]	इसे [이쎄]	ये [예]	इन्हें [인헹~]
의문	क्या [꺄-] कौन [꼬운]	किसे [끼쎄]	क्या [꺄-] कौन [꼬운]	किन्हें [낀헹~]

-ना 부정사

힌디어 부정사는 [동사 어간 + 부정사 어미 -ना]로 구성됩니다.

आ [아-] 동사 어간 + -ना [나-] 부정사 어미 = आना [아-나-] 오다, 옴

부정사는 명사로도 사용되며, 뒤에 후치사가 올 수 있습니다. 이때 -आ로 끝나는 남성명사처럼 사격 변화합니다.

आने को [아-네 꼬] 오기 위해(목적); 오려고(전망)

आने में [아-네 메~] 오는 데에

आने पर [아-네 빠르] 오면

आने के बाद [아-네 께 바-드] 온 다음에

명령법

2인칭대명사	명령형	
तू [뚜-] 너	동사 어간	(तू) आ। [(뚜-) 아-] 와.
तुम [뚬] 너희; 너, 자네	동사 어간 + -ओ [오]	(तुम) आओ। [(뚬) 아-오] 와; 와요.
आप [압-] 당신들; 당신	동사 어간 + -इए [이에]	(आप) आइए। [(압-) 아-이에] 오세요.

- 동사 어간이 -अ로 끝나는 경우 -अ를 탈락시킨 뒤 명령형 접사 -ओ와 -इए를 붙입니다.

  कर + ओ → करो। [까로.] 해라.

● 아래 동사들은 명령형에서 불규칙하게 변합니다.

동사 / 2인칭 대명사	करना [까르나-] 하다	देना [데나-] 주다	लेना [레나-] 받다	पीना [삐-나-] 마시다
तुम [뚬]	규칙적	दो [도]	लो [로]	पिओ [삐오]
आप [압-]	कीजिए [끼-지에]	दीजिए [디-지에]	लीजिए [리-지에]	पीजिए [삐-지에]

● 명령법의 부정어로는 न[나]와 मत[마뜨]가 있습니다. मत[마뜨]가 न[나]보다 금지의 뉘앙스가 더 강하기 때문에 आप[압-]에 대한 명령문에서는 न[나], तू[뚜-]와 तुम[뚬]에 대한 명령문에서는 मत[마뜨]가 오는 것이 일반적입니다.

मत करो। [마뜨 까로.] 하지 마.

न कीजिए। [나 끼-지에.] 하지 마세요.

● -ना부정사가 명령형으로 사용되기도 합니다.

इधर आना। [이다^{h}르 아-나-] 이쪽으로 오게나.

● 동사 어간에 -इएगा [이에가-]를 붙이면 보다 정중한 표현이 됩니다.

इधर आइएगा। [이다^{h}르 아-이에가-] 이쪽으로 오십시오.

시제

힌디어 문장의 서술부는 [(동사 어간 + 상 표지) + 시제 표지]로 구성됩니다.

1. 상 표지

상 표지는 동사가 가리키는 행위나 상태의 모양을 가리킵니다. 미완료, 완료, 진행 세 종류가 있으며 주어의 성과 수에 따라 모양이 달라집니다.

동사의 미완료형

동사 어간 + 미완료 표지 -ता (남성 단수)/-ते (남성 복수)/-ती (여성)

동사의 완료형

동사 어간 + 완료 표지 -आ (남성 단수)/-ए (남성 복수)/-ई (여성)

동사의 진행형

동사 어간 + 진행 표지 रहा (남성 단수)/रहे (남성 복수)/रही (여성)

- 동사의 완료형을 만드는 데에 몇 가지 규칙이 있습니다.
  - ▷ 동사 어간이 -अ로 끝나는 경우에는 -अ를 탈락시킵니다.
  - ▷ 동사 어간이 -आ, -ओ, -ए, -ई로 끝나는 경우에는 전이음 य가 삽입됩니다.
  - ▷ 동사 어간이 -ई, -ऊ로 끝나는 경우 단모음으로 변합니다.

- 아래 동사들은 완료형에서 불규칙하게 변합니다.

동사 / 수	करना [까르나-] 하다	देना [데나-] 주다	लेना [레나-] 받다	पीना [삐-나-] 마시다
단수	किया [끼야-] / *की [끼-]	दिया [끼야-] / *दी [끼-]	लिया [끼야-] / *ली [끼-]	गया [끼야-] / *गयी [끼-]
복수	किये [끼예] / *की [끼-]	दिये [끼야-] / *दी [끼-]	लिये [끼야-] / *ली [끼-]	गये [끼야-] / *गयी [끼-]

- 타동사의 완료형이 서술부에 오면 주어에 행위격 후치사 **ने**[네]가 붙고, 동사는 목적어의 성과 수에 일치합니다. 목적어가 없거나 목적어로 절이 오는 경우 동사는 3인칭 남성 단수 형태를 합니다.

उसने चाय पी। [우스네 짜-에 삐-]

그/그녀가 짜이를 마셨습니다. (여성 명사 **चाय**에 일치)

2. 시제 표지

'~이다, 있다'라는 뜻을 지닌 **होना** [호나-] 동사가 시제 표지로도 사용됩니다. 시제 표지는 동사의 미완료, 완료, 진행이 어느 시점을 기준으로 하는지 알려줍니다.

현재미완료시제

[동사의 미완료형(동사 어간 + -ता/-ते/-ती) + होना 동사의 현재형]

<table>
<tr><th>수
인칭</th><th colspan="3">단수</th><th colspan="3">단수</th></tr>
<tr><td>1인칭</td><td>मैं [매~]</td><td rowspan="4">आता [아-따-]/
*आती [아-띠-]</td><td>हूँ [훙-~]</td><td>हम [함]</td><td rowspan="4">आते [아-떼]/
*आती [아-띠-]</td><td>हैं [행~]</td></tr>
<tr><td rowspan="2">2인칭</td><td rowspan="2">तू [뚜-]</td><td rowspan="3">है [해]</td><td>तुम [뚬]</td><td>हो [호]</td></tr>
<tr><td>आप [압-]</td><td rowspan="2">हैं [행~]</td></tr>
<tr><td>3인칭·
지시</td><td>वह [베헤]
यह [예헤]</td><td>वे [베]
ये [예]</td></tr>
</table>

- 현재미완료시제는 습관, 일반적 사실, 완료되지 않은 사건, 가까운 미래 등을 표현합니다.
- 현재미완료시제의 부정문에서 시제 표지 होना 동사가 생략됩니다. 이때 여성 단 · 복수의 구별을 위해 미완료 표지에 비모음을 붙여 복수임을 나타냅니다(-ती/-तीं).

  वे लड़कियाँ नहीं आतीं। [베 라르끼양-~ 나힝-~ 아-띵-~]

  그 여자아이들이 오지 않습니다.

과거미완료시제

[동사의 미완료형(동사 어간 + -ता/-ते/-ती) + होना 동사의 과거형]

수 / 인칭	단수		단수	
1인칭	मैं [매~]	आता था [아-따- 타-]/ *आती थी [아-띠- 티-]	हम [함]	आता था [아-따- 타-]/ *आती थी [아-띠- 티-]
2인칭	तू [뚜-]		तुम [뚬]	
			आप [압-]	
3인칭·지시	वह [베헤] यह [예헤]		वे [베] ये [예]	

- 과거미완료시제는 과거 일정기간 지속된 습관이나 사건을 표현합니다.

현재완료시제

[동사의 완료형(동사 어간 + -आ/-ए/-ई) + होना 동사의 현재형]

수 / 인칭	단수			단수		
1인칭	मैं [매~]	आया [아야-]/ *आयी [아이-]	हूँ [훙-~]	हम [함]	आये [아예]/ *आयी [아이-]	हैं [행~]
2인칭	तू [뚜-]		है [해]	तुम [뚬]		हो [호]
				आप [압-]		हैं [행~]
3인칭·지시	वह [베헤] यह [예헤]			वे [베] ये [예]		

과거완료시제

[동사의 완료형(동사 어간 + -आ/-ए/-ई) + होना 동사의 과거형]

수 / 인칭	단수		단수	
1인칭	मैं [매~]	आया था [아야- 타-]/ *आयी थी [아이- 티-]	हम [함]	आये थे [아예 테]/ *आयी थीं [아이- 팅-~]
2인칭	तू [뚜-]		तुम [뚬]	
			आप [압-]	
3인칭·지시	वह [베헤] यह [예헤]		वे [베] ये [예]	

단순완료시제

[동사의 완료형(동사 어간 + -आ/-ए/-ई)]

인칭 \ 수	단수		단수	
1인칭	मैं [매~]	आया [아-야-]/ *आयी [아-이-]	हम [함]	आये [아-예]/ *आयीं [아-잉-~]
2인칭	तू [뚜-]		तुम [뚬] / आप [압-]	
3인칭·지시	वह [베헤] / यह [예헤]		वे [베] / ये [예]	

- 단순완료시제는 시제 표지 없이 동사의 완료형만 사용하여 일회적 사건을 표현합니다.
- 여성 단 · 복수의 구별을 위해 완료 표지에 비모음을 붙여 복수임을 나타냅니다(-ई/-ईं).

वे लड़कियाँ आयीं। [베 라르끼양-~ 아-잉-~]

그 여자아이들이 왔습니다.

현재진행시제

[동사의 진행형(동사 어간 + रहा/रहे/रही) + होना 동사의 현재형]

<table>
<tr><th>수
인칭</th><th colspan="4">단수</th><th colspan="4">단수</th></tr>
<tr><td>1인칭</td><td>मैं [매~]</td><td rowspan="4">आ
[아-]</td><td rowspan="4">रहा
[라하-]/
*रही
[라히-]</td><td>हूँ [훙-~]</td><td>हम [함]</td><td rowspan="4">आ
[아-]</td><td rowspan="4">रहे
[라헤]/
*रही
[라히-]</td><td>हैं [행~]</td></tr>
<tr><td rowspan="2">2인칭</td><td rowspan="2">तू [뚜-]</td><td rowspan="3">है [해]</td><td>तुम [뚬]</td><td>हो [호]</td></tr>
<tr><td>आप [압-]</td><td rowspan="2">हैं [행~]</td></tr>
<tr><td>3인칭·
지시</td><td>वह [베헤]
यह [예헤]</td><td>वे [베]
ये [예]</td></tr>
</table>

● 현재진행시제는 가까운 미래를 표현하기도 합니다.

과거진행시제

[동사의 진행형(동사 어간 + रहा/रहे/रही) + होना 동사의 과거형]

<table>
<tr><th>수
인칭</th><th colspan="3">단수</th><th colspan="3">단수</th></tr>
<tr><td>1인칭</td><td>मैं [매~]</td><td rowspan="4">आ
[아-]</td><td rowspan="4">रहा था
[라하- 타-]/
*रही थी
[라히- 티-]</td><td>हम [함]</td><td rowspan="4">आ
[아-]</td><td rowspan="4">रहे थ
[라헤 테]/
*रही थीं
[라히- 팅-~]</td></tr>
<tr><td rowspan="2">2인칭</td><td rowspan="2">तू [뚜-]</td><td>तुम [뚬]</td></tr>
<tr><td>आप [압-]</td></tr>
<tr><td>3인칭·
지시</td><td>वह [베헤]
यह [예헤]</td><td>वे [베]
ये [예]</td></tr>
</table>

확정미래(일반미래)

[동사 어간 + 미래시제 접사(선어말어미 -ऊँ-/-ए-/-एँ-/-ओ- + -गा/-गे/-गी)]

수 인칭	단수		단수	
1인칭	मैं [매~]	आऊँगा [아웅~가-]/ *आऊँगी [아웅~기-]	हम [함]	आएँगे [아엥~게]/ *आएँगी [아엥~기-]
2인칭	तू [뚜-]	आएगा [아에가-]/ *आएगी [아에기-]	तुम [뚬]	आओगे [아오게]/ *आओगी [아오기-]
			आप [압-]	आएँगे [아엥~게]/ *आएँगी [아엥~기-]
3인칭· 지시	वह [베헤] यह [예헤]		वे [베] ये [예]	

- देना [데나-] 동사와 लेना [레나-] 동사가 미래시제로 활용될 때에는 동사 어간이 아닌 첫소리 द्와 ल्에 미래시제 접사가 붙습니다.

불확정미래(기원법) [동사 어간 + -ऊँ/-ए/-एँ/-ओ]

미래시제 접사에서 -गा/-गे/-गी를 생략하여 앞으로 일어날 지 모르는 일에 대한 기원, 소망, 청유, 허가, 불확실성 등을 표현할 수 있습니다.

수 인칭	단수		단수	
1인칭	मैं [매~]	आऊँ [아웅~]	हम [함]	आएँ [아엥~]
2인칭	तू [뚜-]	आए [아에]	तुम [뚬]	आओ [아오]
			आप [압-]	आएँ [아엥~]
3인칭· 지시	वह [베헤] यह [예헤]		वे [베] ये [예]	

THEMATIC HINDI WORDS

Theme 1

➜ इंसान 인산- / मनुष्य 마누샤 인간

Unit 01 शरीर 신체

Unit 02 परिवार 가족

Unit 03 जीवन / जिंदगी 인생

Unit 04 प्रेम और शादी 사랑과 결혼

Unit 05 दैनिक जीवन 일상생활

Unit 06 शरीरक्रिया 생리 현상

Unit 07 स्वभाव 성격/태도

Unit 08 बाह्य रूप 외모

Unit 09 भावना 감정 ①

Unit 10 भावना 감정 ②

शरीर 샤리-르 신체

सिर 씨르 머리 부분

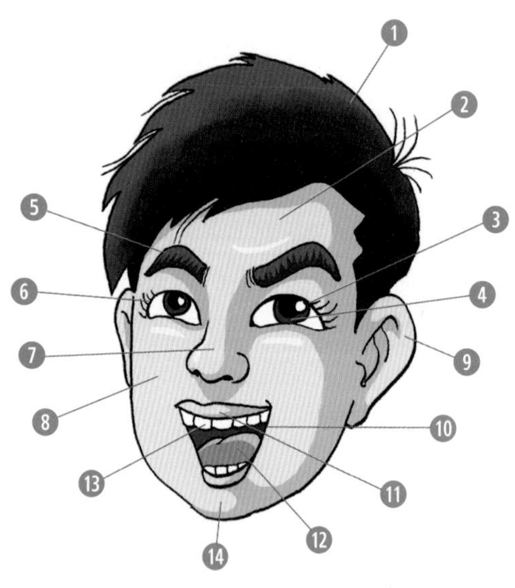

❶ **बाल** 발- 머리카락

❷ **माथा** 마-타- 이마

❸ **आँख** 앙-~크 ⓕ 눈

❹ **(आँख की) पुतली** (앙-~크 ⓕ 끼-) 뿌뜰리- ⓕ 눈동자

❺ भौंह 보̑웅~ㅎ ⓕ 눈썹

❻ बरौनी 바로̑우니- ⓕ 속눈썹

❼ नाक 나-ㄲ ⓕ 코

❽ गाल 갈- 볼, 뺨

❾ कान 깐- 귀

❿ मुँह 뭉~ㅎ 입

⓫ होंठ 홍~트 입술

⓬ जीभ 지-브h ⓕ 혀

⓭ दाँत 당-~뜨 이, 치아

⓮ जबड़ा 자브라- 턱

관련 단어

- □ डिंपल 딤빨 / हिलकोरे 힐꼬레 보조개
- □ तिल 띨 점
- □ झुर्री 주h르리- ⓕ 주름
- □ मुँहासा 뭉~하-사- 여드름

1 인간 2 가정 3 수 4 도시 5 교통 6 업무 7 경제, 사회 8 쇼핑 9 스포츠, 취미 10 자연

- □ **मूँछ** 뭉-~츠 ⓕ 콧수염
- □ **दाढ़ी** 다-리h- ⓕ 턱수염
- □ **चेहरा** 쩨흐라- / **मुँह** 뭉~ㅎ 얼굴

A: **क्या वह सुंदर है ?**

까- 베헤 순다르 해?

그녀는 예뻐요?

B: **जी हाँ, उसका चेहरा ख़ूबसूरत है ।**

지- 항-~, 우스까- 쩨흐라- 쿱-수-라뜨 해

그녀는 얼굴이 아름다워요.

सामने शरीर 삼-네 샤리-르 앞모습

❶ गरदन 가르단 ⓕ 목

❷ बाँह 방-~ㅎ ⓕ 팔

❸ छाती 차-띠- ⓕ 가슴

❹ कंधा 깐다h- 어깨

काँख 깡-~크 ⓕ 겨드랑이

❺ हाथ 하-트 손

❻ उँगली 웅~글리- ⓕ 손가락

❼ पेट 뻬뜨 배

❽ नाभि 나-비h ⓕ 배꼽

❾ पसली 빠슬리- ⓕ 갈비뼈

❿ श्रोणि 슈로니 ⓕ 골반

⓫ टाँग 땅-~그 ⓕ 다리

⓬ घुटना 구h뜨나- 무릎

⓭ टखना 따크나- 발목

⓮ पैर 뻬르 발

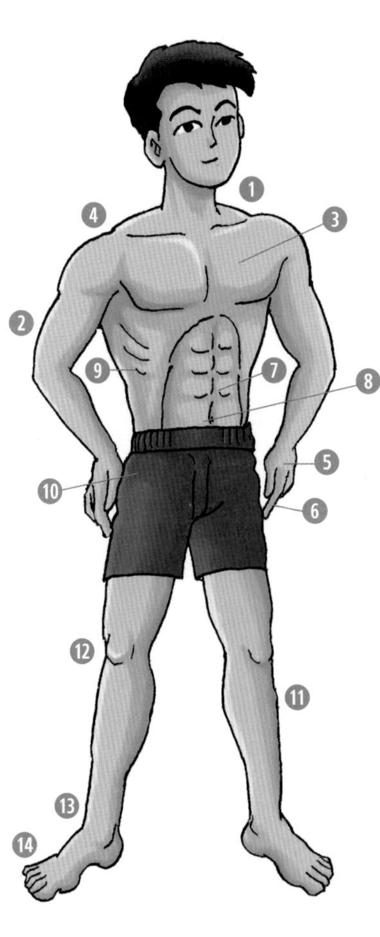

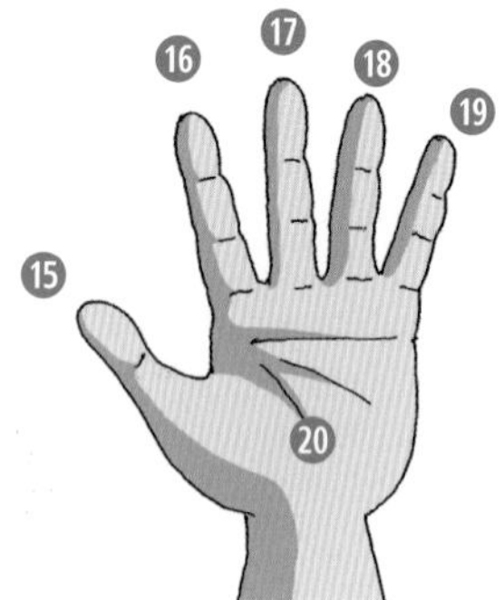

⑮ **अंगुष्ठ** 앙구슈트 / **अँगूठा** 앙~구-타- 엄지손가락

⑯ **तर्जनी** 따르자니- ⓕ 인지, 집게손가락

⑰ **मध्यमा** 마댜ʰ마- ⓕ 중지, 가운뎃손가락

⑱ **अनामिका** 아나-미까- ⓕ 약지, 넷째손가락

⑲ **कनिष्ठा** 까니슈타- ⓕ 소지, 새끼손가락

⑳ **हथेली** 하텔리- ⓕ 손바닥

관련 단어

- □ **मुट्ठी** 뭇티- ⓕ 주먹
- □ **कलाई** 깔라-이- ⓕ 손목
- □ **नाख़ून** 나-쿤- 손톱
- □ **हस्तरेखा** 하스뜨레카- ⓕ 손금
- □ **अंगुली छाप** 앙~굴리- ⓕ 차-쁘 ⓕ 지문

पीछे शरीर 뻬-체 샤리-르 뒷모습

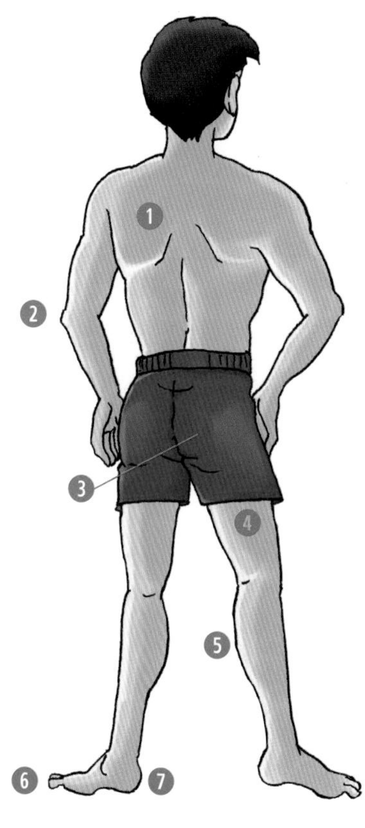

❶ पीठ 뻬-트 ⓕ 등

❷ कुहनी 꾸흐니- ⓕ 팔꿈치

❸ कूल्हा 꿀-하- 엉덩이

❹ जाँघ 장-~그h ⓕ 허벅지

❺ पिंडली 삔들리- ⓕ 종아리

❻ पैर की उँगली
빼르 끼- 웅~굴리- ⓕ 발가락

❼ एड़ी 에리- ⓕ 뒤꿈치

आंतरिक अंग 안-뜨릭 앙그 기관

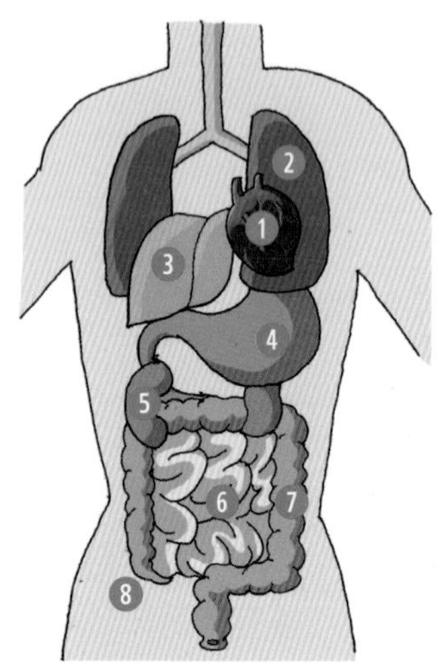

❶ दिल 딜 / हृदय 흐리다에 심장

❷ फेफड़ा 페프라- 폐

❸ जिगर 지가르 간

❹ आमाशय 아-마-샤이 위

❺ गुर्दा 구르다- 신장

❻ छोटी आँत 초띠- 앙-~뜨 ⓕ 소장

❼ बड़ी आँत 바리- 앙-~뜨 ⓕ 대장

❽ अपेंडिक्स 아뻰딕스 맹장

관련 단어

- □ मस्तिष्क 마스띠슈끄 / दिमाग़ 디마-그 뇌
- □ रीढ़ 리-르ʰ ⓕ 척추
- □ तंत्रिका 딴뜨리까- ⓕ 신경
- □ कोशिका 꼬시까- ⓕ 세포
- □ रक्तवाहिका 라끄뜨와-히까- ⓕ 혈관
- □ ख़ून 쿤- 혈액, 피
- □ हड्डी 핫디- ⓕ 뼈
- □ जोड़ 조르 관절
- □ मांसपेशी 만-스뻬시- ⓕ 근육
- □ त्वचा 뜨와짜- ⓕ 피부
- □ मांस 만-스 살
- □ आंत्र 안-뜨러 ⓕ 장
- □ मूत्राशय 무-뜨라-샤이 방광

1 인간
2 가정
3 수
4 도시
5 교통
6 업무
7 경제, 사회
8 쇼핑
9 스포츠, 취미
10 자연

परिवार 빠리와-르 가족

□ **दादा (जी)** 다다- (지-) 할아버지

□ **दादी (जी)** 다디- (지-) ⓕ 할머니

दादा जी कल वापस आएँगे ।
다-다- 지- 깔 와-빠스 아-엥~게
할아버지께서는 내일 돌아오신다.

□ **बाप** 바-쁘 / **पिता (जी)** 삐따- (지-)
아빠, 아버지

□ **पिता जी** 삐따- 지- 부친

□ **माँ** 망-~ ⓕ / **माता (जी)** 마-따- (지-) ⓕ
엄마, 어머니

□ **माता जी** 마-따- 지- ⓕ 모친

मेरी माँ बहुत सुंदर हैं ।
메리- 망-~ ⓕ 바훗 순다르 행~
우리 엄마는 정말 예쁘다.

□ **चाचा (जी)** 짜-짜- (지-) 아저씨

□ **चाची (जी)** 짜-찌- (지-) ⓕ 아주머니

चाचा जी ने मुझे जेब ख़र्च दिया ।
짜-짜- 지- 네 무제h 젭 카르쯔 디야-
아저씨께서 내게 용돈을 주셨다.

□ **बेटा** 베따- 아들

□ **बेटी** 베띠- ⓕ 딸

पड़ोसी का बेटा अब तक छोटा है ।
빠로씨- 까- 베따- 압 딱 초따- 해
옆집 아들은 아직 어리다.

□ **बड़ा भाई** 바라- 바ʰ-이- 형, 오빠

□ **बड़ी बहन** 바리- 베헨 ⓕ / **दीदी** 디-디- ⓕ 언니, 누나

बड़ा भाई और बड़ी बहन मुझे स्नेह करते हैं ।
바라- 바ʰ-이- 오우르 바리- 베헨 무제ʰ 스네하 까르떼 행~
형과 누나는 나를 귀여워한다.

□ **छोटा भाई** 초따- 바ʰ-이- 남동생

□ **छोटी बहन** 초띠- 베헨 ⓕ 여동생

मेरी छोटी बहन सचमुच अच्छी है ।
메리 초띠- 베헨 사쯔무쯔 앗치- 해
내 여동생은 정말 착하다.

관련 단어

- □ चचेरा 짜쩨라- 사촌의
- □ ममेरा 마메라- 외사촌의
- □ नाना (जी) 나-나- (지-) 외할아버지
- □ नानी (जी) 나-니- (지-) ⓕ 외할머니
- □ भतीजा 바ʰ띠-자- 남자 조카
- □ भतीजी 바ʰ띠-지- ⓕ 여자 조카
- □ पोता 뽀따- 손자
- □ पोती 뽀띠- ⓕ 손녀
- □ नाती 나-띠- / दोता 도따- 외손자
- □ नातिन 나-띤 ⓕ / दोती 도띠- ⓕ 외손녀
- □ दामाद 다-마-드 사위
- □ बहु 바후 ⓕ 며느리
- □ ससुर 사수르 시아버지, 장인
- □ सास 사-스 ⓕ 시어머니, 장모
- □ बुआ 부아- ⓕ 고모
- □ मासी 마-씨- ⓕ 이모
- □ मामा 마-마- 외삼촌

인도 문화 엿보기 | 인사

नमस्ते [나마스떼]는 가장 보편적인 인사말로 아침, 점심, 저녁 상관없이 만날 때와 헤어질 때 모두 사용할 수 있습니다. 두 손을 가슴 앞에서 가지런히 모은 뒤 고개를 약간 숙이며 인사합니다. नमस्ते [나마스떼]는 '고개 숙여 하는 인사 또는 절'을 뜻하는 산스크리트어 명사 नमस् [나마스]에 2인칭 단수 대명사 त्वम् [뜨왐]의 여격 형태인 ते [떼]가 붙어서 '당신에게 고개 숙임'이라는 인사말이 되었습니다. ते [떼] 대신 '행위'를 나타내는 접사 -कार [까-르]를 붙여서 नमस्कार [나마스까-르]라고도 할 수 있습니다.

인도에는 이 외에도 종교, 지역, 언어 등에 따라 다양한 인사말이 있습니다. चरण स्पर्श [짜란 스빠르슈]는 '발'이라는 뜻의 चरण [짜란]과 '접촉'이라는 뜻의 स्पर्श [스빠르슈]가 합쳐진 말로 어른의 발등을 만지며 존경을 담아 올리는 인사입니다. राम राम [람- 람-]은 농촌에서 주로 사용되며, विष्णु [비슈누]의 일곱 번째 화신으로 여겨지는 힌두교 신 राम [람-]의 이름을 부르는 인사말입니다. 한편 인도의 무슬림들은 만날 때에 '공경'이라는 뜻의 आदाब [아-답-] 또는 '평화가 함께 하기를'이라는 뜻의 सलाम अलैकुम [살람- 알래꿈], 헤어질 때에 '신의 보호가 있기를'이라는 뜻의 ख़ुदा हाफ़िज़ [쿠다- 하-피즈]라고 인사합니다.

- □ ननद 나나드 ⓕ 시누이
- □ भाभी 바ʰ-비ʰ- ⓕ 올케
- □ देवर 데바르 시동생
- □ साला 살-라- 처남
- □ रिश्तेदार 리슈떼다-르 친척
- □ पड़ोसी 빠로씨- ⓕ 이웃

जीवन 지-번 / जिंदगी 진드기- ⓕ 인생

□ **जन्म** 잔므 탄생

□ **शिशु** 시슈 /

छोटा बच्चा 초따- 밧짜- 아기

□ **बच्चा** 밧짜- 어린이, 꼬마

बच्चा मज़े से खेल रहा है ।

밧짜- 마제 쎄 켈 라하- 해

꼬마가 재미있게 놀고 있구나.

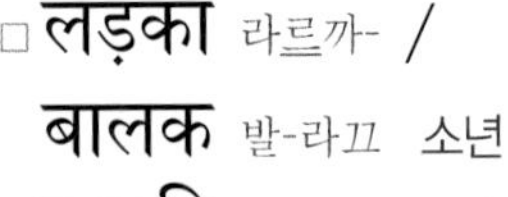

□ **लड़का** 라르까- /

बालक 발-라끄 소년

□ **लड़की** 라르끼- ⓕ /

बालिका 발-리까- ⓕ 소녀

□ **युवक** 유박 청년, 젊은이

युवती 유브띠- ⓕ 젊은 여성

वह युवक अभी कहाँ जा रहा है ?

베헤 유박 아비ʰ- 까항-˜ 자- 라하- 해?

저 청년은 지금 어디 가는 걸까?

□ **वयस्क** 바야스끄 /

आदमी 아-드미- 성인

□ **बूढ़ा** 부-라ʰ- 노인

□ **बुढ़िया** 부리ʰ야- ⓕ 노파

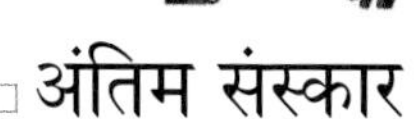

□ अंतिम संस्कार

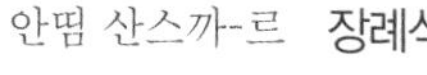

안띰 산스까-르 장례식

□ क़ब्र 까브러 ⓕ 무덤

□ वसीयत 바씨-야뜨 ⓕ 유언; 유산

दादा जी की वसीयत यह है कि हम ईमानदार रहें ।

다-다- 지- 끼- 바씨-야뜨 예헤 해 끼 함 이-만-다르 라헹~

할아버지의 유언은 정직하게 살라는 것이었다.

관련 단어

□ बचपन 바쯔빤 어린 시절

□ सगाई 사가-이- ⓕ 약혼

□ शादी 샤-디- ⓕ / विवाह 비와-흐 결혼

□ तलाक़ 딸라-끄 ⓕ 이혼

□ वधू 바두ʰ- ⓕ / दुल्हन 둘한 ⓕ 신부

□ वर 바르 / दूल्हा 둘-하- 신랑

□ विधवा 비드ʰ와- ⓕ 미망인

□ मृत्यु 므리뜌 ⓕ 죽음

□ शवदाह 샤브다-흐 ⓕ 화장

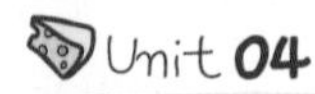

प्रेम और शादी

뻐렘 오우르 샤-디- ⓕ 사랑과 결혼

□ पहली नज़र में प्यार होना

삐흘리- 나자르 ⓕ 메ˇ 뺘-르 호나- 첫눈에 반하다

□ एकतरफ़ा प्रेम

에끄따르파- 쁘렘 짝사랑

□ प्रेम को प्रकट करना

쁘렘 꼬 쁘라까뜨 까르나-

사랑을 고백하다

□ डेट पर जाना

데뜨 빠르 자-나- 사귀다, 데이트하다

□ त्रिकोण प्रेम

뜨리꼰 쁘렘 삼각관계

□ प्रेमी 쁘레미- 애인(남성)
प्रेमिका 쁘레미까- ⓕ 애인(여성)

□ विवाह करना 비와-흐 까르나- / शादी करना 샤-디- ⓕ 까르나- 결혼하다

□ हनीमून 하니-문- 신혼 여행
सुहागरात 수하-그라-뜨 ⓕ 첫날밤

□ गर्भवती होना
가르브ʰ바띠- 호나 임신하다

□ कलह 깔라흐 /
लड़ाई-झगड़ा 라라-이- 자ʰ그라- 말다툼

□ मित्र 미뜨러 / दोस्त 도스뜨 친구

Unit 04 प्रेम और शादी ▶▶▶

관련 단어

- □ **सहेली** 사헬리- ⓕ 친구(여자끼리)
- □ **समलिंगी** 삼링기- 동성의
- □ **विषमलिंगी** 비샴링기- 이성의
- □ **पहला प्यार** 빼흘라 빠-르 첫사랑
- □ **आकर्षण** 아-까르샨 매력
- □ **विवाह प्रस्ताव रखना** 비와-흐 쁘라스따-우 라크나- 프러포즈하다, 구혼하다
- □ **(विवाह का) निमंत्रण-पत्र** (비와-흐 까-) 니만뜨란 빠뜨러 청첩장
- □ **सगाई की अंगूठी** 사가-이- ⓕ 끼- 앙~구-티- ⓕ 약혼반지
- □ **नववरवधू** 나브바르바두h- 신혼부부
- □ **जीवनसाथी** 지-번사-티- 배우자
- □ **पती** 빠띠- 남편
- □ **पत्नी** 빠뜨니- ⓕ 부인
- □ **अलग** 알라그 / **वियोग** 비요그 헤어진

वार्तालाप

A: मेरी सहेली की शादी इस विकेंड में होगी ।

메리- 사헬리- 끼- 샤-디- 이스 비켄드 메~ 호기-.

내 친구 이번 주말에 결혼한대.

B: किस आदमी से ?

끼스 아-드미- 쎄?

어떤 사람이랑 하는데?

A: पाँच साल पुराने प्रेमी से ।

빵-~쯔 쌀- 뿌라-네 쁘레미- 쎄.

5년 동안 사귄 남자래.

B: ओ, ईर्ष्या हो रही है ।

오, 이-르샤- 호 라히- 해.

아, 정말 부럽다.

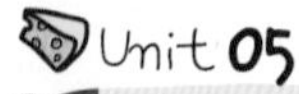

दैनिक जीवन 대닉 지-번 일상생활

□ **जागना** 자-그나- 잠에서 깨다

उठना 우트나- 일어나다

मैं कल सुबह छः बजे उठूँगा/*उठूँगी ।

매~ 깔 수버ㅎ 체헤 바제 우퉁-~가-/*우퉁-~기-

내일 아침에는 여섯 시에 일어나야지.

□ **मुँह धोना**

뭉~흐 도ʰ나- 세수하다

□ **दाँत साफ़ करना**

당-~뜨 사-프 까르나- 이를 닦다

□ **हजामत बनाना**

하자-마뜨 ⓕ 바나-나- 면도하다

हजामत बनाते हुए जबड़े को काट डाला ।

하자-마뜨 바나-떼 후에 자브레 꼬 까-뜨 달-라-

면도하다가 턱을 베었다.

□ **कंघी करना**

깡기ʰ- ⓕ 까르나-

머리를 빗다

□ **कपड़े पहनना**

까쁘레 뻬헨나- 옷을 입다

आज कौन से कपड़े पहनूँ ?

아-즈 꼬운쎄 까쁘레 뻬헤눙-?

오늘은 무슨 옷을 입지?

□ **काम पर जाना**

깜- 빠르 자-나- 출근하다

पिता जी आम तौर पर बस से काम पर जाते हैं ।

삐따- 지- 암- 또우르 빠르 바스 쎄 깜- 빠르 자-떼 행-

아버지께서는 보통 버스로 출근하신다.

□ **दोपहर का भोजन करना**

도쁘하르 까- 보ʰ잔 까르나- /

लंच करना 란쯔 까르나- 점심 먹다

□ **नहाना** 나하-나- 목욕하다

□ **टी.वी. देखना** 띠-.비-. ⓕ 데크나- /

दूरदर्शन देखना 두-르다르샨 데크나-

텔레비전을 보다

टी.वी. देखते हुए आलू के चिप्स खाए ।

띠-.비-. 데크떼 후에 알-루- 께 찝스 카-에

텔레비전을 보면서 감자 칩을 먹었다.

1 인간 | 2 가정 | 3 수 | 4 도시 | 5 교통 | 6 업무 | 7 경제, 사회 | 8 쇼핑 | 9 스포츠, 취미 | 10 자연

□ **संगीत सुनना**

상기-뜨 수느나- 음악을 듣다

अनेक युवक मेट्रो में संगीत सुनते हैं ।

아네끄 유바끄 메뜨로 메~ 상기-뜨 순떼 행~

많은 젊은이들은 전철에서 음악을 듣는다.

□ **सोना** 소나- 자다

관련 단어

- □ **सुनना** 수느나- 듣다
- □ **देखना** 데크나- 보다
- □ **चखना** 짜크나- / **स्वाद लेना** 스와-드 레나- 맛보다
- □ **कपड़े धोना** 까쁘레 도ʰ나- 빨래하다
- □ **इस्त्री करना** 이스뜨리- ⓕ 까르나- 다림질하다
- □ **व्यवस्था करना** 뱌바스타- ⓕ 까르나- 정리하다
- □ **देर रात तक पढ़ना** 데르 라-뜨 ⓕ 딱 빠르ʰ나 밤늦게 공부하다
- □ **पढ़ना** 빠르ʰ나- (책을) 읽다; 공부하다

- □ **देर से उठना** 데르 쎄 우트나- 늦잠을 자다
- □ **क्रिकेट खेलना** 끄리껫 켈르나- 크리켓을 치다
- □ **गेम खेलना** 겜 켈르나- 게임을 하다
- □ **झपकी लेना** 자^{h}뻐끼- ⓕ 레나- 낮잠을 자다
- □ **पियानो बजाना** 삐야-노 바자-나- 피아노를 치다
- □ **फ़ोन (कॉल) करना** 폰 (깔-) 까르나- 전화를 걸다

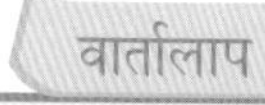

A: कहीं कोई आवाज़ आ रही है न ?

까힝-~ 꼬이- 아-와-즈 아- 라히- 해 나?

무슨 소리 들리지 않니?

B: अच्छा ? सिर्फ़ तुम्हारी आवाज़ ही सुनाई दे रही है ।

앗차-? 씨르프 뚬하-리- 아-와-즈 히- 수나-이- 데 라히- 해

그래? 네 목소리밖에 안 들리는데.

A: ध्यान से सुनो । रात के इस समय कोई पियानो बजा रहा होगा ।

댜^{h}- 쎄 수노. 라-뜨 께 이스 사마에 꼬이- 삐야노 바자- 라하- 호가-

잘 들어봐. 이 밤중에 누가 피아노를 치는 거 같은데.

शरीरक्रिया 샤리-르끄리야- ⓕ 생리 현상

□ **खाँसना** 캉-~스나- 기침하다

वह हमेशा खाँसता रहता है ।

베헤 하메샤- 캉-~스따- 레흐따- 해

그는 항상 기침을 달고 산다.

□ **लंबी साँस लेना**

람비- 상-~스 ⓕ 레나-

한숨 짓다

□ **छींकना** 칭-~끄나-

재채기하다

□ **पसीना** 빠씨-나- 땀

□ **पसीना आना** 빠씨-나- 아-나- 땀을 흘리다

क्यों इस तरह पसीने पसीने हो रहा/*रही हूँ ?

꽁- 이스 따라ㅎ 빠씨-네 빠씨-네 호 라하/*라히- 훙-~?

왜 이렇게 땀이 많이 나지.

□ **आँसू** 앙-~수- 눈물

शिशु को चेहरा आँसुओं से भीग गया है ।

시슈 까- 쩨흐라- 앙-~수옹~ 쎄 비ʰ-그 가야- 해

아기 얼굴이 눈물로 얼룩져 있다.

□ पाद 빠-드 방귀

□ पेशाब 뻬샤-브 소변

관련 단어

□ साँस लेना 상-~스 ⓕ 레나- 호흡하다, 숨을 쉬다

□ रोना 로나- 울다

□ जँभाई 장~바ʰ-이- ⓕ 하품

□ अंगड़ाई 앙그라-이- ⓕ 기지개

□ हिचकी 히쯔끼- ⓕ 딸꾹질

□ (भरपेट हुए) डकार लेना (바ʰ르뻬뜨 후에) 다까-르 ⓕ 레나- (배가 불러서) 트림을 하다

□ थूक 투-끄 / लार 라-르 ⓕ 침, 타액

□ टट्टी 땃띠- ⓕ 대변

□ सपना 사쁘나- / स्वप्न 스와쁜 꿈

□ सपना देखना 사쁘나- 데크나- 꿈을 꾸다

Unit 07

स्वभाव 스와바^{h}-우 성격/태도

□ सावधान 사-우단^{h}-
주의 깊은

↔

□ लापरवाह 라-빠르와-흐
부주의한, 경솔한

□ बातूनी 바-뚜-니- 수다스러운

□ मेहनती 메흐나띠- 부지런한

□ असभ्य 아사벼^{h} /
अशिष्ट 아시슈뜨 무례한

□ धैर्यवान 대^{h}려완-
인내심이 있는

□ शरमिंदा 샤르민다-
부끄러워하는

관련 단어

- □ कृपालु 끄리빨-루 친절한
- □ निर्मल 니르말 순수한
- □ डरपोक 다르뽀끄 겁이 많은
- □ बहादुर 바하-두르 / साहसी 사-흐씨- 용감한
- □ बुद्धिमान 붓디h만- 지혜로운
- □ ईमानदार 이-만-다-르 정직한
- □ आलसी 알-씨- 게으른
- □ नीरस 니-라스 지루한
- □ मूर्ख 무-르크 어리석은
- □ विनम्र 비나므러 겸손한
- □ सभ्य 사벼h / शिष्ट 시슈뜨 예의 바른
- □ उदार 우다-르 관대한
- □ कोमल 꼬말 섬세한
- □ विश्वसनीय 비슈와스니-여 / भरोसेदार 바h로세다-르 믿을 수 있는
- □ स्वार्थी 스와-르티- 이기적인

Unit 08

बाह्य रूप 바-혀 루-쁘 외모

□ वज़न 와잔 몸무게

□ क़द 까드 / लंबाई 람바-이- ⓕ 키, 신장

आपकी लंबाई कितनी है ?

압-끼- 람바-이- 끼뜨니- 해?

키가 얼마나 되세요?

□ मोटा 모따- 뚱뚱한

□ पतला 빠뜰라- 여윈, 마른

□ लंबा 람바- 키가 큰

□ छोटा 초따- 키가 작은

□ आकर्षक 아-까르샤끄 매력적인

□ शरीर सुडौल होना 샤리-르 수도울호나-
몸매가 좋다

□ शानदार 샨-다-르 멋진

□ देखने में अच्छा 데크네 메~ 앗차- 보기 좋은

□ सुंदर 순다르 / ख़ूबसूरत 쿱-수-라뜨
아름다운, 예쁜; 잘생긴

□ प्यारा 뺘-라- 귀여운
वह शिशु बहुत प्यारा/*प्यारी है ।
베헤 시슈 바훗 뺘-라-/*뺘-리- 해
저 아기 무척 귀엽네.

□ गंजा
간자- 대머리

□ छोटे बाल
초떼 발- 단발머리

□ घुँघराले बाल
궁ʰ~그ʰ랄-레 발-
곱슬머리

관련 단어

- □ पर्म बाल 빠름 발- 파마머리
- □ चोटी 쪼띠- ⓕ 땋은 머리
- □ सफ़ेद बाल 사페드 발- 흰머리

- □ भावशून्य 바h-우슌-녀 무표정한
- □ निर्जीव 니르지-우 / जड़वत् 자르바뜨 멍한
- □ नज़र 나자르 ⓕ 눈빛, 눈초리
- □ मुखाकृति 무카-끄리띠 ⓕ 인상
- □ (मुख) मुद्रा (무크) 무드라- ⓕ 표정

A: मेरे चेहरे पर इस तरह के पर्म बाल अच्छे सूट करेंगे ?
메레 쩨흐레 빠르 이스 따라ㅎ 께 빠름 발- 앗체 수-뜨 까렝~게?
내 얼굴에 이런 스타일의 파마머리가 어울릴까?

B: हाँ, ठीक होगा ।
항-~, 틱- 호가-
응, 괜찮을 거 같아.

भावना 바h-우나- 감정 ①

□ **सुखी** 수키- 행복한

हम सुखी परिवार हैं ।

함 수키- 빠리와-르 행~

우리는 행복한 가족이에요.

□ **उदास** 우다-스 / **दुःखी** 두키- 슬픈, 상심한

वियोग से अत्यंत उदास न हो ।

비요그 쎄 아딴뜨 우다-스 나 호

이별 때문에 너무 슬퍼하지 말아요.

□ **गर्मी लगना**

가르미- ⓕ 라그나- 덥다, 더위를 느끼다

गर्मी के कारण बाहर निकलना नहीं चाहता/*चाहती ।

가르미- 께 까-란 바-하르 니깔르나- 나힝-~ 짜-흐따/*짜-흐띠-

더워서 밖에 나가기 싫다.

□ **ठंड लगना**

탄드 ⓕ 라그나-

춥다, 추위를 느끼다

Unit 09 भावना ▶▶▶

□ **प्यास लगना** 빠-스 ⓕ 라그나-

목마르다, 갈증을 느끼다

□ **थकना** 타끄나- 피곤하다, 지치다

□ **ग़ुस्सा आना** 굿싸- 아-나- 화가 나다

अध्यक्ष जी को ग़ुस्सा आने पर मैं बहुत डर जाता/*जाती हूँ ।

아댜샤 지- 꼬 굿싸- 아-네 빠르 매~ 바훗 다르 자-따-/*자-띠- 홍-~

사장님께서 화내시면 정말 무서워.

↔

□ **भूख लगना** 부h-크 라그나-

배고프다, 허기를 느끼다

□ **भरपेट** 바h르뻬뜨

배부른

□ **हैरान** 해란- / **चकित** 짜끼뜨 놀란

관련 단어

- □ मज़ेदार 마제다-르 재미있는
- □ भ्रमित 브ʰ라미뜨 헷갈리는
- □ निराश 니라-슈 실망한
- □ ख़ुश 쿠슈 기쁜
- □ अकेला 아껠라- 쓸쓸한, 외로운
- □ डरना 다르나- 두려워하다, 무섭다
- □ नींद आना 닌드 ⓕ 아-나- 졸리다, 잠이 오다

वार्तालाप

A: तुम थके हुए लगते हो ।
뚬 타께 후에 라그떼 호.
너 피곤해 보이네.

B: क्योंकि मैंने परीक्षा के लिए रात भर पढ़ा हूँ ।
꽁~끼 매~ 빠릭샤- 께 리에 라-뜨 바ʰ르 빠라ʰ- 훙--~
시험 공부하느라 밤새웠거든요.

भावना 바ʰ-우나- 감정 ②

□ बुद्धि 붓디ʰ ⓕ 지혜

वह बुद्धिमान आदमी है ।

베헤 붓디ʰ만- 아-드미- 해

그는 지혜가 있는 사람이다.

□ साहस 사-하스 용기

□ दुःख 두크 슬픔

□ दर्द 다르드 아픔

□ निराशा 니라-샤- ⓕ 절망

□ ख़ुशी 쿠시- ⓕ 즐거움

□ सुख 수크 행복

□ आनंद 아난드 기쁨, 희열

□ डर 다르 두려움

डर से मुक्त कर लो ।

다르 쎄 무끄뜨 까르 로

두려움으로부터 벗어나라.

□ प्रलोभन 쁘랄로반ʰ 유혹

□ **मुक्ति** 무끄띠- ⓕ 자유

□ **प्रेम** 쁘렘 / **प्यार** 뺘-르 사랑

관련 단어

- □ **चाहना** 짜-흐나- 바라다
- □ **प्रशंसा करना** 쁘라샨샤- ⓕ 까르나- 감탄하다
- □ **धन्यवाद देना** 다ʰ냐-와-드 데나- 감사하다, 감사를 표하다
- □ **सच्चा** 삿짜- 진실한
- □ **आदर्श** 아-다르슈 이상적인
- □ **संतुष्ट** 산뚜슈뜨 만족스러운
- □ **शांत** 샨-뜨 평화로운, 평온한
- □ **चिंता करना** 찐따- ⓕ 까르나- 걱정하다
- □ **पछताना** 빠츠따-나- 후회하다
- □ **नापसंद करना** 나-빠산드 까르나- 싫어하다
- □ **नफ़रत करना** 나프라뜨 ⓕ 까르나- 증오하다

복습문제 अभ्यास

1 다음 인체 부위를 힌디어로 써보세요.

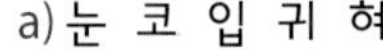

a) 눈 코 입 귀 혀

b) 어깨 팔 손가락 다리 무릎

2 다음 단어의 뜻을 써보세요.

a) सिर ____________________

b) ख़ून ____________________

c) हड्डी ____________________

d) चेहरा ____________________

e) मांसपेशी ________________

f) दिल/ हृदय ______________

3 다음 빈칸에 알맞은 힌디어를 써넣어 보세요.

a) 우리 가족은 엄마, 아빠, 나 그리고 남동생 모두 네 명이다.

मेरे परिवार में कुल चार लोग हैं - _____ , _____, मैं और ___________.

b) 사위란 내 딸의 남편을 말한다.

_____ का अर्थ है - मेरी बेटी का _____ ।

c) 내가 어린 시절에

मैं अपने _______ में

d) 신랑과 신부

_______ और _______/ _______ और _______

e) 인생은 아름다워.

_______ सुंदर है ।

f) 탄생과 죽음

_______ और _______

g) 삼각 관계 ____________

h) 당신과 결혼하고 싶어요.

मैं आप से _____ _____ चाहता/*चाहती हूँ ।

4 다음 단어의 뜻을 써보세요.

a) उठना ____________________________

b) टी.वी. देखना/ दूरदर्शन देखना _________

c) सोना ____________________________

d) संगीत सुनना ______________________

5 다음 그림과 단어를 연결해 보세요.

लंबी साँस लेना　　आँसू　　पेशाब　　पसीना आना　　खाँसना

6 다음 빈칸에 알맞은 힌디어를 써넣어 보세요.

a) 조심해요! ____________________

b) 이기적인 여자 ____________________ महिला

c) 예의 바른 ____________________

7 다음을 해석해 보세요.

लंबा लड़का ____________________

प्यारी लड़की ____________________

गंजा ____________________

8 다음 빈칸에 알맞은 힌디어를 써넣어 보세요.

a) 나는 무척 목이 마릅니다. मुझे बहुत ______ ______ ____ ।

b) 슬픈 영화 _____ फ़िल्म

c) 그는 재미있는 사람이다. वह______ आदमी है ।

d) 당신의 친절에 감사드립니다. आप की ______ के लिए बहुत धन्यवाद ।

e) 전쟁과 평화 युद्ध और ______

정답

1 a) 눈 आँख　코 नाक　입 मुँह　귀 कान　혀 जीभ
b) 어깨 कंधा　팔 बाँह　손가락 उँगली　다리 टाँग　무릎 घुटना

2 a) 머리　b) 혈액　c) 뼈　d) 얼굴　e) 근육　f) 심장

3 a) माता　पिता　छोटा भाई　b) दामाद　पती　c) बचपन
d) वर　वधू　दूल्हा　दुल्हन　e) जिंदगी　f) जन्म　मृत्यु
g) त्रिकोण प्रेम　h) शादी करना

4 a) 일어나다　b) 텔레비전을 보다　c) 자다　d) 음악을 듣다

5 눈물 – आँसू　기침하다 – खाँसना　땀을 흘리다 – पसीना आना　소변 – पेशाब
한숨 짓다 – लंबी साँस लेना

6 a) सावधान !　b) स्वार्थी　c) सभ्य/ शिष्ट

7 키가 큰 소년　귀여운 소녀　대머리

8 a) प्यास लगी है　b) दुःखी　c) मज़ेदार　d) कृपा　e) शांति

THEMATIC HINDI WORDS

Theme 2

घर 가ʰ르 가정

मकान 마깐- 집

□ अपार्टमेंट

아빠-르뜨멘뜨 아파트

□ रिहायशी-मकान

리하-에시- 마깐- 주택

यह रिहायशी-मकान कितना अच्छा है !

예헤 리하-에시- 마깐- 끼뜨나- 앗차- 해!

참 멋진 주택이군요.

□ किराये पर लेना

끼라-예 빠르 레나-

임대하다

□ किराया 끼라-야-

집세

□ (मकान) मालिक

(마깐-) 말-릭 집주인

□ किरायेदार 끼라-예다-르 / पट्टाधारी 빳따-다ʰ-리- 세입자

관련 단어

- □ निवास 니와-스 거주지
- □ पता 빠따- 주소
- □ स्थानांतरण 스타-난-뜨란 이사
- □ अचल संपत्ति 아짤 삼빳띠 ⓕ 부동산
- □ जमा रक़म 자마- 라깜 ⓕ 보증금
- □ पुनर्निर्माण 뿌나르니르만- 개축; 재건
- □ हवेली 하벨리- ⓕ 저택
- □ विला 빌라- 빌라
- □ अपार्टमेंट परिसर 아빠-르뜨멘뜨 빠리사르 아파트 단지
- □ जलापूर्ति (योजना) 잘라-뿌-르띠 ⓕ (요즈나- ⓕ) 상수도
- □ मल-जल निकासी (योजना) 말 잘 니까-씨- ⓕ (요즈나- ⓕ) 하수도
- □ बिजली 비즐리- ⓕ 전기
- □ गैस 개스 가스

1 인간 2 가정 3 수 4 도시 5 교통 6 업무 7 경제, 사회 8 쇼핑 9 스포츠, 취미 10 자연

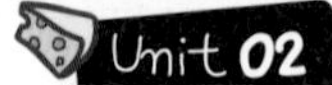

मकान का बाहरी भाग

마깐- 까- 바-흐리- 바h-그　**주택 외부**

❶ **छत** 차뜨 ⓕ 지붕

❷ **खिड़की** 키르끼- ⓕ 창문

❸ **दीवार** 디-와-르 ⓕ 벽

❹ **दरवाज़ा** 다르와-자- / **द्वार** 드와-르 문

❺ **द्वारघंटी** 드와-르간h띠- ⓕ 초인종

❻ **घास** 가h-스 ⓕ 잔디

❼ **पत्रपेटी** 빠뜨러뻬띠- ⓕ 우편함

❽ **तलघर** 딸가h르 지하실

❾ **गेराज** 게라-즈 차고

관련 단어

- □ **बाड़** 바-르 ⓕ 울타리
- □ **नामपट्टी** 남-빳띠- ⓕ 문패
- □ **बग़ीचा** 바기-짜- 정원, 앞마당
- □ **बरामदा** 바람-다- 베란다, 발코니
- □ **भंडार** 반ʰ다-르 창고
- □ **अटारी** 아따-리- ⓕ 다락
- □ **सीढ़ियाँ** 씨-리ʰ양-~ ⓕ 계단

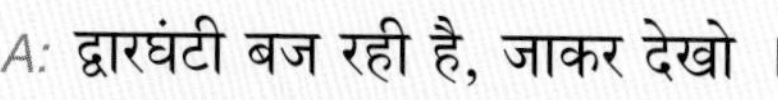
A: **द्वारघंटी बज रही है, जाकर देखो ।**
드와-르간ʰ띠- 바즈 라히- 해, 자-까르 데코
초인종 소리가 나는데, 좀 나가봐.

B: **नहीं, तुम जाओ ।**
나힝-~, 뚬 자-오
싫어, 네가 나가 봐.

A: **मैं तो बर्तन धो रही हूँ न?**
매~ 또 아비ʰ- 바르딴 도ʰ 라히- 홍-~ 나?
난 지금 설거지하고 있잖아.

बैठक-ख़ाना 배탁 카-나 거실

❶ परदा 빠르다- 커튼

❷ पंखा 빵카- 선풍기

❸ वैक्यूम क्लीनर 배뀸- 끌리-나르 진공청소기

❹ मेज़ 메즈 ⓕ 탁자, 테이블

❺ सोफ़ा 소파- 소파

❻ ग़लीचा 갈리-짜- 카펫, 양탄자

❼ फ़र्श 파르슈 마루

❽ कूड़ेदान 꾸-레단- 쓰레기통

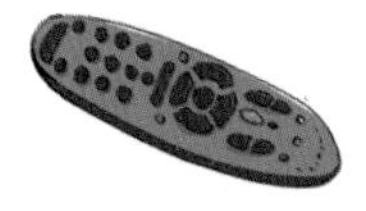

□ टेलीविज़न 뗄리-비잔 / दूरदर्शन 두-르다르샨 텔레비전

□ दूरनियंत्रक 두-르니얀뜨락 리모컨

□ फ़ोटो 포또 / तस्वीर 따스위-르 ⓕ 사진

□ दीवार घड़ी 디-와-르 가ʰ리- ⓕ 벽시계

관련 단어

□ छत 차뜨 ⓕ 천장

□ झूमर 주ʰ-마르 샹들리에

□ आरामकुर्सी 아-람-꾸르씨- ⓕ 안락의자

□ (पुस्तकों की) अलमारी (뿌스따꽁~ 끼-) 알마-리- ⓕ 책장

□ चित्र 찌뜨러 그림

□ चटाई 짜따-이- ⓕ 깔개, 매트

रसोईघर 라소이-가ʰ르 주방

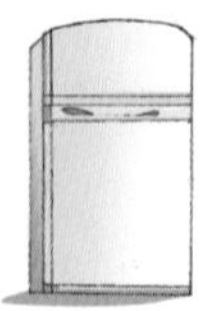

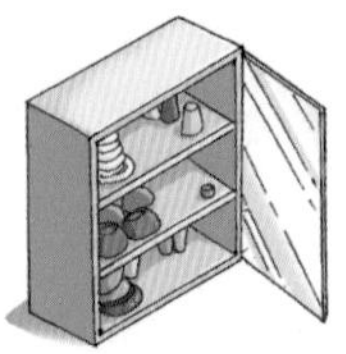

□ सिंक 씽끄
싱크대

□ प्रशीतित्र
쁘라시-띠뜨러 /
फ्रिज 프리즈 냉장고

□ अलमारी
알마-리- ⓕ
찬장

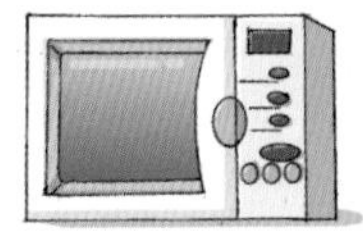

□ बिजली चावल कुकर
비즐리- 짜-발 꾸까르
전기밥솥

□ सूक्ष्मतरंग चूल्हा
숙-슘따랑그 쭐-하-
전자레인지

□ टोस्टर 또스따르 토스터

टोस्टर से रोटी सेंककर कॉफ़ी के साथ ले लें ।
또스따르 쎄 로띠- 쎙끄까르 꼬-피- 께 사-트 레 렝~
토스터에 빵을 구워 커피랑 먹자.

□ **भगौना**
바^{h}고우나-
냄비, 솥

□ **तवा** 따와-
프라이팬

□ **केतली** 께뜰리- ⓕ
주전자

□ **प्याला** 빨-라- / **कप** 깝 컵

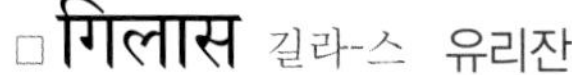

□ **गिलास** 길라-스 유리잔

□ **बरतन**
바르딴 그릇

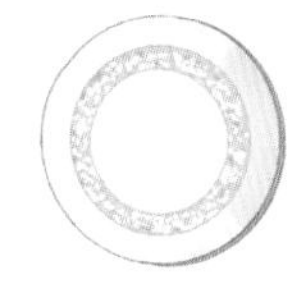

□ **प्लेट** 쁠레뜨 접시

□ **करछुल** 까르출 국자

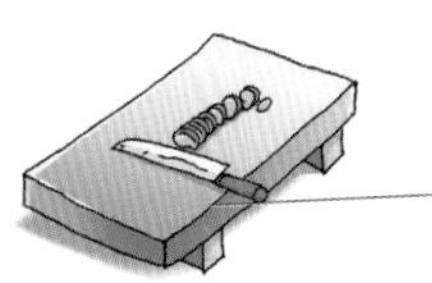

□ **काटने बोर्ड** 까-뜨네 보르드 도마

□ **चाकू** 짜-꾸- 식칼

관련 단어

- □ **ओवन** 오번 / **चूल्हा** 쭐-하- 오븐
- □ **ओवन दस्ताना** 오번 다스따-나- 오븐용 장갑
- □ **रसोई तौलिया** 라소이- 또울리야- 행주
- □ **चम्मच** 짬마쯔 숟가락
- □ **चापस्टिक** 짭-스띡 젓가락
- □ **छुरी** 추리- ⓕ 나이프
- □ **काँटा** 깡-~따- 포크

A: **रसोई तौलिये से मेज़ साफ़ कर दो ।**
라소이- 또울리예 쎄 메즈 사-프 까르 도
행주로 식탁 좀 닦아줄래?

B: **कर चुका/*चुकी हूँ । देखिए, अभी चम्मच लगा रहा/*रही हूँ ।**
까르 쭈까/*쭈끼- 훙-~. 데키에, 아비ʰ- 짬마쯔 라가- 라하-/*라히- 훙-~
벌써 닦았어요. 지금 숟가락 놓고 있어요.

Unit 05

स्नानघर 스난-가ʰ르 / बाथरूम 바-트룸- 욕실

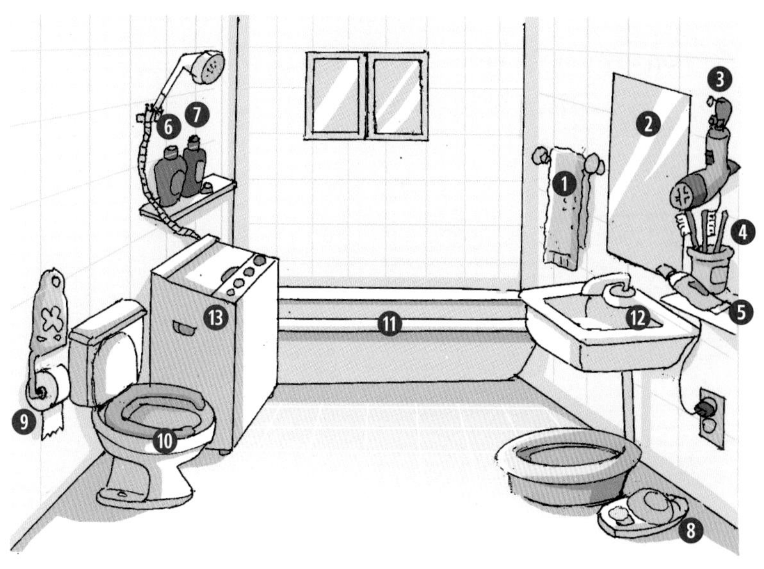

❶ **तौलिया** 또울리야- 수건, 타월

❷ **दर्पण** 다르빤 거울

❸ **हेयर ड्रायर** 헤야르 드라-야르 헤어드라이어

❹ **टूथब्रश** 뚜-트브라슈 칫솔

❺ **टूथपेस्ट** 뚜-트뻬스뜨 치약

❻ **शैंपू** 샘뿌- / **केशमार्जक** 께슈마-르작 샴푸

❼ कंडीशनर 깐디-샤나르 린스

❽ साबुन 사-분 비누

❾ टॉयलेट पेपर 떠열레뜨 뻬빠르 화장지

❿ शौचकूप 쇼우쯔꿉- 변기

⓫ स्नान टब 스난- 땁 욕조

⓬ चिलमची (सिंक) 찔마찌- (씽끄) 세숫대야, 세면기

⓭ धुलाई मशीन 둘ʰ라-이- 마신- ⓕ 세탁기

관련 단어

- □ स्नान वस्त्र 스난- 바스뜨러 목욕 가운
- □ स्नान जल 스난- 잘 목욕물
- □ केश धोना 께슈 도ʰ나- 머리를 감다
- □ डिटर्जेंट पाउडर 디따르젠뜨 빠-우다르 가루세제
- □ (कपड़े धोने का) साबुन (까뻐레 도ʰ네 까-) 사-분 세탁비누
- □ झाग 자ʰ-그 거품
- □ पानी नल 빠-니- 날 수도꼭지
- □ नाली छेद 날-리- 체드 배수구

वार्तालाप

A: **माँ, शैंपू ख़त्म हो गया ।**

망-~, 샘뿌- 카뜸 호 가야-

엄마, 샴푸가 다 떨어졌어요.

B: **अच्छा? लगता है कि एक नया ख़रीदने के बाद बहुत थोड़ा समय ही हुआ ।**

앗차- ? 라그따- 해 끼 에끄 나야- 카리-드네 께 바-드 바훗 토라- 사마에 히- 후아

그래? 새로 산 지 얼마 안 된 거 같은데.

शयनकक्ष 샤얀깍슈 / बेडरूम 베드룸- 침실

❶ बिस्तर 비스따르 침대

❷ तकिया 따끼야- 베개

❸ चादर 짜-다르 ⓕ 침대보

❹ कंबल 깜발 담요, 모포

रज़ाई 라자-이- ⓕ 이불

❺ टेबल लैंप 떼발 램쁘 스탠드

❻ मेज़ 메즈 ⓕ 책상

❼ कुर्सी 꾸르씨- ⓕ 의자

❽ आलमारी 알-마-리- ⓕ 서랍장, 수납장

관련 단어

- □ **अलार्म घड़ी** 알라-름 가ʰ리- ⓕ 알람시계
- □ **(कपड़ो की) अलमारी** (까쁘롱~ 끼-) 알마-리- ⓕ 옷장
- □ **श्रृंगार मेज़** 슈링가-르 메즈 ⓕ 화장대, 경대
- □ **दराज़** 다라-즈 ⓕ 서랍
- □ **सिंगल बेड** 씽갈 베드 싱글베드, 1인용 침대
- □ **डबल बेड** 다발 베드 더블베드, 2인용 침대

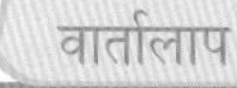

A: **कमरा बहुत गंदा है !**
까므라- 바홋 간다- 해!
방이 엄청 더럽다!

B: **मालूम है, पर साफ़ करने के लिए समय नहीं मिला ।**
말-룸- 해, 빠르 사-프 까르네 께 리에 사마에 나힝-~ 밀라-
알고 있어. 그런데 치울 시간이 없네.

A: **तो, मैं तुम्हारी मदद करता/*करती हूँ ।**
또, 매~ 뚬하-리- 마다드 까르따-/*까르띠- 훙-~
그럼 내가 도와줄게.

B: **धन्यवाद ।**
다ʰ냐와-드
고마워.

शिशु-बच्चे का कमरा
시슈 밧쩨 까- 까므라- 아기 방

□ **पालना** 빨-르나- 요람

बच्चा/*बच्ची पालने में सो रहा/*रही है ।

밧짜-/*밧찌- 빨-르네 메~ 소 라하-/*라히- 해

아기가 요람에서 자고 있다.

□ **खिलौना** 킬로우나- 장난감

□ **टेडी बेयर** 떼디- 베야르 곰인형

मेरे बच्चे/*मेरी बच्ची को टेडी बेयर सबसे ज़्यादा पसंद है ।

메레 밧쩨/*메리- 밧찌- 꼬 떼디- 베야르 삽쎄 쟈-다- 빠산드 해

우리 아이는 곰인형을 가장 좋아한다.

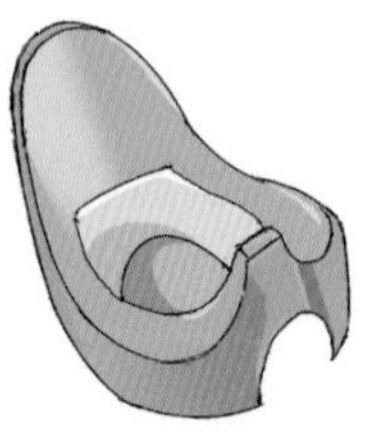

□ **पॉटी सीट** 뻐띠- 씨-뜨 ⓕ 유아용 변기

अब पॉटी सीट का इस्तेमाल करने का समय आ गया ।

압 뻐띠- 씨-뜨 까- 이스떼말 까르네 까- 사마에 아- 가야-

이제 유아용 변기를 사용할 때가 되었어요.

□ **बेबी वॉकर** 베비- 워까르 보행기

1 인간
2 가정
3 수
4 도시
5 교통
6 업무
7 경제, 사회
8 쇼핑
9 스포츠, 취미
10 자연

관련 단어

- □ **शिशु-बच्चे कपड़ो की अलमारी**
  시슈 밧쩨 까쁘롱~ 끼- 알마-리- ⓕ 아기 옷장
- □ **शिशु-बच्चे की कुर्सी** 시슈 밧쩨 끼- 꾸르씨- ⓕ 유아 의자
- □ **शिशु गाड़ी** 시슈 가-리- ⓕ / **स्ट्रोलर** 스뜨롤라르 유모차
- □ **बेबी बिब** 베비- 빕 턱받이
- □ **पोतड़ा** 뽀뜨라- 기저귀

A: **यहाँ शिशु गाड़ी मिलेगी ?**
야항-~ 시슈 가-리- 밀레기- ?
유모차를 사려고 하는데요.

B: **अच्छा, यह कैसा लगता है ?**
앗차-, 예헤 깨사- 라그따- 해 ?
그러세요? 이거 어떠세요?

A: **अच्छा लग रहा है ।**
앗차- 라그 라하- 해.
음, 좋아 보이네요.

औज़ार · फुटकर चीज़

오우자르-푸뜨까르 찌-즈 ⓕ 공구 · 잡화

□ पेचकस 뻬쯔까스
드라이버

□ चिमटा 찜따- /
प्लास 쁠라-스 펜치

□ क़ैंची 깬찌- ⓕ 가위

□ आरी 아-리- ⓕ 톱

□ विद्युत आरी
비듀뜨 아-리- ⓕ 전기톱

□ कुल्हाड़ी
꿀하-리- ⓕ 도끼

□ कील 낄- ⓕ 못

□ हथौड़ा 하토우라- 망치

□ बेलचा 벨짜- 삽

□ सीढ़ी 씨-리h- ⓕ 사다리

□ झाड़ू 자h-루- 빗자루

□ धूल पैन 둘h- 뺀 쓰레받기

관련 단어

□ नापने का फ़ीता 나-쁘네 까- 피-따- 줄자

□ (लौह) तार (로우ㅎ) 따-르 철사

□ सॉकेट 서껫 콘센트

□ बाल्टी 발-띠- ⓕ 양동이

□ पोंछा 뽕~차- 걸레

□ धागा 다h-가- 실

□ सूई 수-이- ⓕ 바늘

□ ग्लू 글루- 풀, 접착제

복습문제 अभ्यास

1 다음 빈칸에는 알맞은 힌디어를 써넣고, 힌디어는 해석해 보세요.

a) 나는 아파트에 삽니다.
मैं एक ________________ में रहता/*रहती हूँ ।

b) 주택 ________________

c) किराया ________________ (मकान) मालिक ________________

2 다음 단어를 힌디어 혹은 우리말로 고쳐 보세요.

a) 지붕 ________________ 창고 ________________

다락 ________________ 정원, 앞마당 ________________

b) छत ________________ आरामकुर्सी ________________

फ़र्श ________________ पंखा ________________

c) दर्पण ________________ साबुन ________________

स्नान टब ________________ टूथपेस्ट ________________

d) 침대 ________________ 베개 ________________

옷장 ________________ 서랍 ________________

3 다음 그림과 단어를 연결해 보세요.

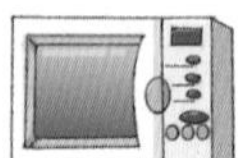    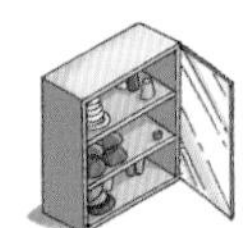

• • • • •

• • • • •

करछुल बरतन केतली अलमारी सूक्ष्मतरंग चूल्हा

4 다음 보기에서 단어를 골라 빈칸에 써넣어 보세요.

a)	खिलौना	पालना	टेडी बेयर	शिशु गाड़ी
b)	हथौड़ा	आरी	सीढ़ी	कील

a) 유모차 ________________ 요람 ________________

장난감 ________________ 곰인형 ________________

b) 톱 ________________ 망치 ________________

못 ________________ 사다리 ________________

1 a) अपार्टमेंट b) रिहायशी-मकान c) 집세 집주인

2 a) छत भंडार अटारी बग़ीचा
b) 천장 안락의자 마루 선풍기
c) 거울 비누 욕조 치약
d) बिस्तर तकिया (कपड़ो की) अलमारी दराज़

3 전자레인지 – सूक्ष्मतरंग चूल्हा 주전자 – केतली 국자 – करछुल
그릇 – बरतन 찬장 – अलमारी

4 a) शिशु गाड़ी पालना खिलौना टेडी बेयर
b) आरी हथौड़ा कील सीढ़ी

THEMATIC HINDI WORDS

Theme 3

संख्या 상캬- ⓕ 수

संख्या 상캬- ⓕ 숫자

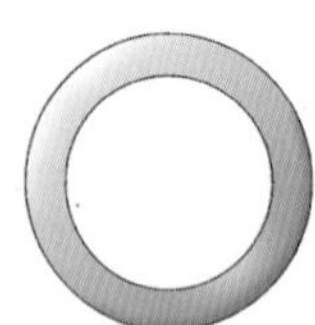

□ 0 शून्य 슈-녀

□ 1 एक 에끄

□ 2 दो 도

□ 3 तीन 띤-

□ 4 चार 짜-르

□ 5 पाँच 빵-~쯔

□ 6 छह 체ㅎ / छः 체ㅎ

□ 7 सात 사-뜨

□ 8 आठ 아-뜨h

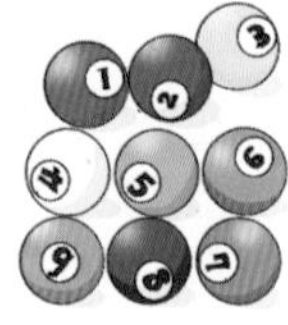

□ 9 नौ 노우

□ 10 दस 다스

□ 11	ग्यारह 갸-라ㅎ	□ 16	सोलह 솔라ㅎ
□ 12	बारह 바-라ㅎ	□ 17	सत्रह 사뜨라ㅎ
□ 13	तेरह 떼라ㅎ	□ 18	अठारह 아타-라ㅎ
□ 14	चौदह 쪼우다ㅎ	□ 19	उन्नीस 운니-스
□ 15	पंद्रह 빤드라ㅎ	□ 20	बीस 비-스

□ 30	तीस 띠-스	□ 70	सत्तर 삿따르
□ 40	चालीस 짤-리-스	□ 80	अस्सी 앗씨-
□ 50	पचास 빠짜-스	□ 90	नब्बे 납베
□ 60	साठ 사-트	□ 100	सौ 소우

□ 1,000	हज़ार 하자-르
□ 10,000 (만)	दस हज़ार 다스 하자-르
□ 1,00,000 (십만)	लाख 라-크
□ 10,00,000 (백만)	दस लाख 다스 라-크
□ 1,00,00,000 (천만)	करोड़ 까로르
□ 10,00,00,000 (억)	दस करोड़ 다스 까로르
□ 1,00,00,00,000 (십억)	अरब 아랍

Unit 01 संख्या ▶▶▶

- □ 0.3 **शून्य दशमलव तीन** 슈-녀 다샴라브 띤-
- □ ½ **आधा** 아-다ʰ-
- □ ¼ **पाव** 빠-우 / **(एक) चौथाई** (에끄) 쪼우타-이-
- □ 70% **सत्तर प्रतिशत** 삿따르 쁘라띠샤뜨

관련 단어

- □ **विषम संख्या** 비샴 상캬- ⓕ 홀수
- □ **सम संख्या** 삼 상캬- ⓕ 짝수
- □ **गणन संख्या** 가난 상캬- ⓕ 기수
- □ **क्रमसूचक संख्या** 끄람수-짜끄 상캬- ⓕ 서수
- □ **अपूर्णांक** 아뿌-르낭-끄 분수

- □ **गिनना** 기느나- 세다, 계산하다
- □ **दोगुना** 도구나- 두 배
- □ **औसत** 오우사뜨 평균

인도 문화 엿보기 | 큰 숫자 읽는 방법

인도에서는 큰 숫자의 자릿수 구분을 위해 천, 십만, 천만, 십억의 자리에 쉼표를 찍습니다. 예를 들어 1억 2341만 2340은 12,34,12,340로 쓰며 **बारह करोड़, चौंतीस लाख, बारह हज़ार, तीन सौ और चालीस** [바-라흐 까로르, 쪼운띠-스 라-크, 바-라흐 하자-르, 띤- 소우 오우르 짤-리-스]라고 읽습니다. 한편 120억은 12,00,00,00,000 또는 1,200,00,00,000 두 가지 방법으로 쓸 수 있고, **बारह अरब** [바-라흐 아랍] 또는 **एक हज़ार दो सौ करोड़** [에끄 하자-르 도 소우 까로르]의 두 가지 방법으로 읽을 수 있습니다.

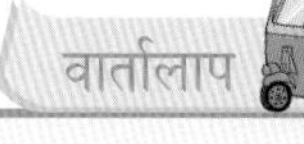

A: **क्या तुम्हारा मोबाइल नंबर मिल सकता है?**
까- 뚬하-라- 모바-일 남바르 밀 사끄따- 해 ?
네 전화번호 좀 가르쳐 줄래?

B: **हाँ, लिख लो, नौ पाँच छः शून्य, पाँच शून्य, चार नौ चार तीन ।**
항-~, 리크 로, 노우빵-~쯔 체헤 슈-녀, 빵-~쯔 슈-녀, 짜-르 노우짜-르 띤-
응, 적으렴, 9560 50 4943이야.

A: **अरे, मेरे पास कोई पेंसिल नहीं है । तुम मुझे एक दे देना ।**
아레, 메레 빠-스 꼬이- 뻰씰 나힝-~ 해. 뚬 무제^{h} 에끄 데 데나-.
이런, 연필이 한 자루도 없네. 내게 한 자루 줄래?

B: **हाँ, मेरे पास तीन हैं । यह ले लो ।**
항-~, 메레 빠-스 띤- 행~. 예헤 레 로
그래, 난 세 자루나 있어. 자, 여기 있어.

गिनती 긴띠- ⓕ 계산

□ चौड़ाई
쪼우라-이- ⓕ 가로

□ लंबाई
람바-이- ⓕ 세로

□ दूरी
두-리- ⓕ 거리

□ क्षेत्रफल
끄셰뜨러팔 넓이, 면적

□ गहराई
게흐라-이- ⓕ 깊이

□ ऊँचाई
웅-~짜-이- ⓕ 높이

□ वज़न 바잔 무게

□ मोटाई
모따-이- ⓕ 두께

□ आयतन
아-에딴 부피

□ गति 가띠 ⓕ 속도

관련 단어

- □ माप 마-쁘 ⓕ 크기
- □ लंबाई 람바-이- ⓕ 길이, 치수
- □ जोड़ 조르 덧셈
- □ घटाना 가ʰ따-나- 뺄셈
- □ गुणा 구나- 곱셈
- □ भाग 바ʰ-그 나눗셈

- □ मीटर 미-따르 미터 (m)
- □ वर्गमीटर 바르그미-따르 평방미터, 제곱미터 (m^2)
- □ ग्राम 그람- 그램 (g)
- □ टन 딴 톤 (t)
- □ लीटर 리-따르 리터 (ℓ)
- □ मील 밀- 마일 (mile) (1mile ≒ 1.6km)

- □ मिलीमीटर 밀리-미-따르 밀리미터 (mm)
- □ सेंटीमीटर 센띠-미-따르 센티미터 (cm)
- □ किलोमीटर 낄로미-따르 킬로미터 (km)

आकृति 아-끄리띠 ⓕ 도형

□ **वृत्त** 브릿뜨 원

मेरा चेहरा वृत्त की तरह गोल है ।

메라- 쩨흐라- 브릿뜨 끼- 따라ㅎ 골 해

내 얼굴은 원처럼 동그랗다.

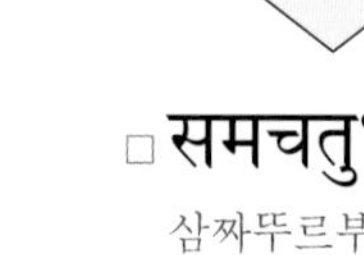

□ **समचतुर्भुज**

삼짜뚜르부ʰ즈 마름모

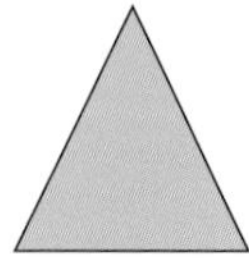

□ **त्रिभुज** 뜨리부ʰ즈 삼각형

त्रिभुज वह आकृति है जिसमें तीन भुजाएँ होती हैं ।

뜨리부ʰ즈 베헤 아-끄리띠 해 지스메~ 띤- 부ʰ자-엥~ 호띠- 행~

삼각형은 세 변으로 이루어진 도형이다.

□ **वर्गाकार (चतुर्भुज)**

바르가-까-르 (짜뚜르부ʰ즈)

정사각형

□ **आयत** 아-야뜨

직사각형

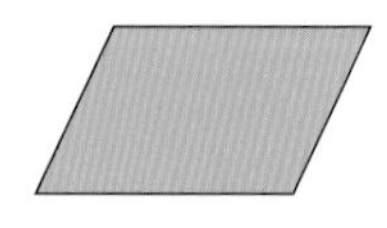

□ **समांतर चतुर्भुज**

사만-따르 짜뚜르부ʰ즈 평행사변형

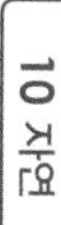

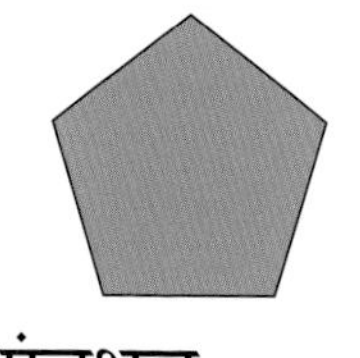

□ **पंचभुज** 빤쯔부^{h}즈 오각형

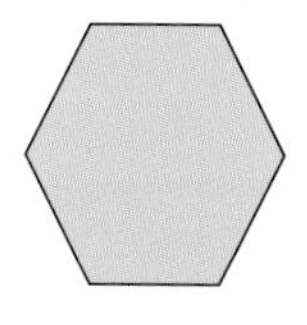

□ **षट्भुज** 샤뜨부^{h}즈 육각형

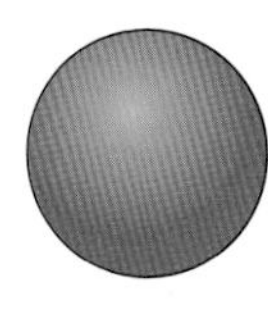

□ **गोला** 골라- 구

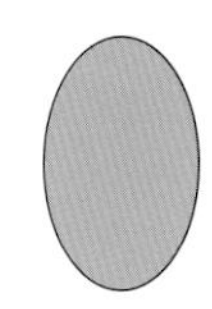

□ **अंडाकार (वृत्त)** 안다-까-르 (브릿뜨) 타원형

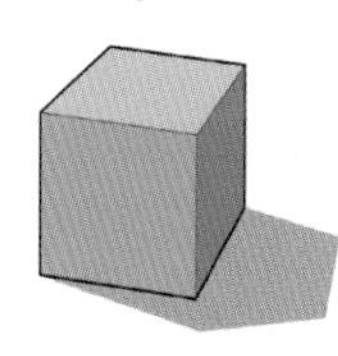

□ **घन** 간^h 정육면체

□ **बेलन** 벨란 원기둥

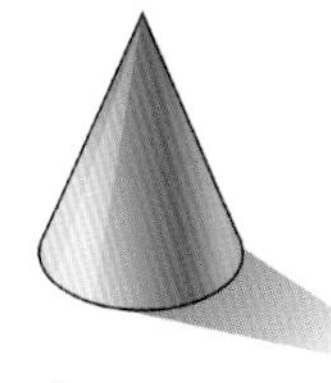

□ **शंकु** 샹꾸 원추형

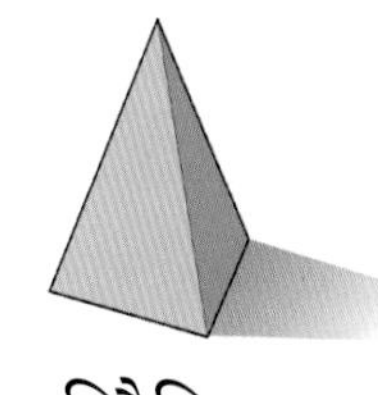

□ **पिरैमिड** 삐래미드 각뿔

कैलेंडर 깰렌다르 달력

ऋतु 리뚜 ⓕ 계절

□ वसंत (ऋतु)
바산뜨 (리뚜 ⓕ)
봄 (3월~4월)

□ ग्रीष्म (ऋतु)
그리-슘 (리뚜 ⓕ)
여름 (5월~6월)

□ शिशिर (ऋतु)
시시르 (리뚜 ⓕ)
겨울 (1월 중순~2월)

□ शरद (ऋतु)
샤라드 ⓕ (리뚜 ⓕ)
가을 (10월~11월)

관련 단어

□ चार ऋतुएँ 짜-르 리뚜엥~ ⓕ 사계절

□ वर्षा (ऋतु) 바르샤- ⓕ (리뚜 ⓕ) 우기 (7월~9월)

□ हेमन्त (ऋतु) 헤만뜨 (리뚜 ⓕ) 가을과 겨울 사이 (12월~1월 중순)

महीना 마히-나 월

- □ जनवरी 잔바리- 1월
- □ फ़रवरी 파르바리- 2월
- □ मार्च 마-르쯔 3월
- □ अप्रैल 아쁘랠 4월
- □ माई 마-이- 5월
- □ जून 준- 6월
- □ जुलाई 줄라-이- 7월
- □ अगस्त 아가스뜨 8월
- □ सितंबर 씨땀바르 9월
- □ अक्तूबर 악뚜-바르 10월
- □ नवंबर 나밤바르 11월
- □ दिसंबर 디삼바르 12월

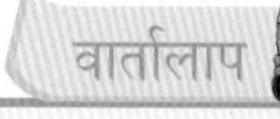

A: आपका पसंदीदा मौसम कौन-सा है ?
압-까- 빠산디-다- 모우삼 꼬운사- 해 ?
무슨 계절을 좋아하세요?

B: मुझे वसंत (ऋतु) पसंद है ।
무제ʰ 바산뜨 (리뚜) 빠산드 해
저는 봄을 좋아해요.

A: अच्छा ? मुझे भी ।
앗차-? 무제ʰ 비ʰ-.
그래요? 저도 그래요.

विशेष दिवस
비셰숀 디바스 특별한 날

□ **दीपावली** 디-빠-울리- ⓕ / **दीवाली** 디-왈-리- ⓕ 디왈리

दीपावली रोशनी का त्योहार है ।

디-빠-울리- 로슈니- 까- 뚜하-르 해

디왈리는 빛의 축제입니다.

□ **होली** 홀리- ⓕ 홀리

होली रंगों और ख़ुशियों का त्योहार है ।

홀리- 랑공~ 오우르 쿠시용~ 까- 뚜하-르 해

홀리는 색과 기쁨의 축제입니다.

□ **रक्षाबन्धन** 락샤-반단ʰ 락샤반단

□ **ईद** 이-드 ⓕ 이드

□ **जन्मदिन** 잔므딘 생일

□ **क्रिसमस** 끄리스마스 크리스마스

인도 문화 엿보기 | 날짜

인도에서는 일/월/연도 순으로 날짜를 표현합니다. 09/12/20은 2020년 12월 9일을 가리킵니다.

1일은 '첫 번째(의)'라는 뜻의 서수 **पहला**[뻬흘라]를 사용하는데, 뒤에 '날짜'라는 뜻의 여성명사 **तारीख़**[따-리-크]가 생략되었기 때문에 **पहला**[뻬흘라]가 **पहली**[뻬흘리-]로 변합니다.

पहली जनवरी[뻬흘리- 잔바리-] 1월 1일

2일부터는 기수가 옵니다.

दो जनवरी[도 잔바리-] 1월 2일

연도는 숫자 100에 해당하는 **सौ**[소우]를 사용하여 두 자릿수씩 끊어 읽습니다.

उन्नीस सौ नब्बे[운니-스 소우 납베] 1990년

2000년대의 경우 숫자를 그대로 읽어줍니다.

दो हज़ार उन्नीस[도 하자-르 운니-스] 2019년

दो हज़ार बीस[도 하자-르 비-스] 2020년

관련 단어

- □ **त्योहार** 뚀하-르 / **उत्सव** 웃사브 축제
- □ **जयंती** 자얀띠- ⓕ 기념일
- □ **सार्वजनिक छुट्टी** 사-르워자닉 춧띠- ⓕ 공휴일
- □ **नववर्ष** 나브바르슈 신년, 새해
- □ **बाल दिवस** 발- 디바스 어린이날
- □ **गणतंत्र दिवस** 간딴뜨러 디바스 인도 공화국의 날

गणतंत्र दिवस प्रतिवर्ष छब्बीस जनवरी को मनाया जाता है ।
간딴뜨러 디바스 쁘라띠바르슈 찹비-스 잔바리- 꼬 마나-야- 자-따- 해
인도 공화국의 날은 매년 1월 26일에 기념됩니다.

인도 문화 엿보기 | 힌두 고유력

인도에서도 세계적으로 통용되는 그레고리력(Gregorian Calendar)을 따르지만, 대부분의 축제는 힌두 고유력에 따라 정해집니다. 힌두 고유력에서 한 달은 2개의 **पक्ष** [빡슈]로 나뉘는데, 달이 차오르는 처음 14일은 '밝다'는 뜻의 **शुक्ल पक्ष** [슈끌 빡슈], 달이 기우는 나중 14일은 '어둡다'는 뜻의 **कृष्ण पक्ष** [끄리슌 빡슈]라고 부릅니다.

चैत्रया 째뜨러야- / **चैत** 째뜨	3월 ~ 4월
वैशाख 배샤-크 / **बैसाख** 배싸-크	4월 ~ 5월
ज्येष्ठ 제슈트 / **जेठ** 제트	5월 ~ 6월
आषाढ 아-샤-드^h / **आसाढ़** 아-사-르^h	6월 ~ 7월
श्रावण 슈라-반 / **सावन** 사-반	7월 ~ 8월
भाद्रपद 바^h-드라빠드 / **भादों** 바^h-동~	8월 ~ 9월
आश्विन 아-슈윈 / **क्वार** 끄와-르	9월 ~ 10월
कार्तिक 까-르띡 / **कातिक** 까-띡	10월 ~ 11월
अग्रहायण 아그라하-얀 / **अगहन** 아그한	11월 ~ 12월
पौष 뽀우슈 / **पूस** 뿌-스	12월 ~ 1월
माघ 마-그^h	1월 ~ 2월
फाल्गुन 팔-군 / **फागुन** 파-군	2월 ~ 3월

वार 와-르 요일

- □ इतवार 이뜨와-르 / रविवार 라비와-르 일요일
- □ सोमवार 솜와-르 월요일
- □ मंगलवार 망갈와-르 화요일
- □ बुधवार 부드h와-르 수요일
- □ बृहस्पतिवार 브리하스빠띠와-르 / गुरुवार 구루와-르 목요일
- □ शुक्रवार 슈끄라와-르 금요일
- □ शनिवार 샤니-와-르 토요일

A: इस शनीवार को हम कहीं बाहर घूमने चलें !

이스 샤니-와-르 꼬 함 까힝-~ 바-하르 굼h-네 짤렝~!

이번 토요일에 우리 어디 놀러 가요!

B: हाँ, बहुत मज़ा आएगा ।

항-~, 바훗 마자- 아에가-

네, 정말 재미있겠네요!

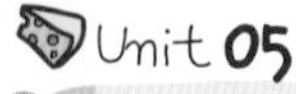
Unit 05

समय 사마에 시간

□ भोर 보h르 새벽

□ सुबह 수버ㅎ ⓕ / सवेरा 사베라- 아침

□ दोपहर 도쁘하르 정오

□ दिन 딘 낮

□ अपराह्न 아쁘라-흔 / दोपहर बाद 도쁘하르 바-드 오후

□ शाम 샴- ⓕ 저녁

आज शाम को मित्र से मिलना है ।

아-즈 샴- 꼬 미뜨러 쎄 밀르나- 해

오늘 저녁에 친구와 만나기로 했다.

□ रात 라-뜨 ⓕ 밤

□ आधी रात

아-디h- 라-뜨 ⓕ

한밤중, 심야

□ **परसों** 빠르송~ 그저께

मेरे माता-पिता जी परसों यात्रा पर फ़्रांस गये ।

메레 마-따- 삐따- 지- 빠르송~ 야-뜨라- 빠르 프란-스 가예

아빠와 엄마는 그저께 프랑스로 여행을 가셨어요.

□ **कल** 깔 어제

□ **आज** 아-즈 오늘

□ **कल** 깔 내일

□ **परसों** 빠르송~ 모레

परसों मेरी दीदी की शादी है ।

빠르송~ 메리- 디-디- 끼- 샤-디- 해

모레는 언니가 결혼하는 날이다.

관련 단어

□ **तारीख़** 따-리-크 날짜

□ **सप्ताह** 사쁘따-ㅎ / **हफ़्ता** 하프따- 주

□ **वीकेंड** 비껜드 주말

□ **शताब्दी** 샤땁-디- ⓕ / **शती** 샤띠- ⓕ 세기

□ **भूत** 부^{h}-뜨 과거

□ **वर्तमान** 바르뜨만- 현재

□ **भविष्य** 바^{h}비셔 미래

- □ अब 압 지금
- □ बाद 바-드 나중
- □ अभी 아비h- 방금
- □ अब से 압 쎄 이제부터
- □ लगातार 라가-따-르 계속, 줄곧
- □ कभी कभी 까비h- 까비h- 때때로, 이따금, 가끔
- □ पहला 뻬흘라- 첫 번째의, 제1의
- □ आरंभ 아-람브h 시작, 최초
- □ अंत 안뜨 끝, 마지막
- □ क्षण 끄샨 / पल 빨 순간
- □ पिछला सप्ताह 삐출라 사쁘따-흐 지난주
- □ अगला सप्ताह 아글라- 사쁘따-흐 다음주
- □ पिछले हफ़्ते 삐출레 하프떼 지난주에
- □ अगले हफ़्ते 아글레 하프떼 다음주에
- □ प्रतिदिन 쁘라띠딘 / रोज़ 로즈 매일
- □ प्रतिसप्ताह 쁘라띠사쁘따-흐 / हर हफ़्ते 하르 하프떼 매주
- □ प्रतिमास 쁘라띠마-스 / हर महीने 하르 마히-네 매월
- □ प्रतिवर्ष 쁘라띠바르슈 / हर साल 하르 살- 매년

एक बजा
에끄 바자- 1시

दो बजे
도 바제 2시

तीन बजे
띤- 바제 3시

चार बजे
짜-르 바제 4시

पाँच बजे
빵-~쯔 바제 5시

छः बजे
체헤 바제 6시

सात बजे
사-뜨 바제 7시

आठ बजे
아-트 바제 8시

नौ बजे
노우 바제 9시

दस बजे
다스 바제 10시

ग्यारह बजे
갸-라흐 바제 11시

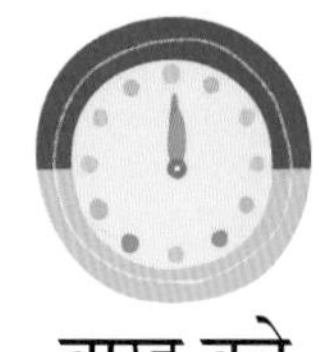

बारह बजे
바-라흐 바제 12시

□ **घंटा**
간ʰ따- 시

□ **मिनट**
미나뜨 분

□ **सेकंड**
세깐드 초

□ पूर्वाह्न 뿌-르와-흔 / सुबह 수버ㅎ ⓕ 오전

□ अपराह्न 아쁘라-흔 / दोपहर बाद 도뻐하르 바-드 오후

□ 1:30 डेढ़ बजा 데르h 바자- 1시 반

□ 2:30 ढाई बजे 다h-이- 바제 2시 반

□ 3:30 साढ़े तीन बजे 사-레h 띤- 바제 3시 반

□ 3:45 पौने चार बजे 뻐우네 짜-르 바제 3시 45분

□ 4:10 전 चार बजने में दस मिनट (बाक़ी)
짜-르 바즈네 메~ 다스 미나뜨 (바-끼-) 4시 10분 전

□ 9:05 नौ बजकर पाँच मिनट
노우 바즈까르 빵-~쯔 미나뜨 9시 5분

□ 12:45 पौन बजा 뻐운 바자- 12시 45분

A: आपको कब लेने आऊँ ?
압-꼬 깝 레네 아-웅-~ ?
언제 데리러 갈까요?

B: सुबह लगभग दस बजे आइए ।
수버ㅎ 라그바h그 다스 바제 아-이에
오전 10시쯤 와주세요.

복습문제 अभ्यास

1 다음 숫자를 힌디어로 써보세요.

a) 14 ________________ b) 60 ________________

c) 130 ________________ d) 2019 ________________

2 다음 단어의 뜻을 써 보세요.

a) क्षेत्रफल ________________

b) वज़न ________________

c) दूरी ________________

d) ऊँचाई ________________

3 다음 그림과 단어를 연결해 보세요.

त्रिभुज　　पंचभुज　　वृत्त　　वर्गाकार (चतुर्भुज)

4 다음 빈칸에 알맞은 힌디어를 써넣어 보세요.

a) 인도의 우기는 7월부터 9월까지다.

भारत की ________ ________ से ________ तक होती है ।

b) 수요일 ________________ 토요일 ________________

c) 어제 ________________ — 오늘 ________________ — 내일 ________________

d) 아침 सुबह/ सवेरा — 정오 ___________ — 낮 दिन —

저녁 ___________ — 밤 ___________

e) 지금 ___________ 나중 ___________

순간 क्षण/ पल 매일 ___________

5 다음 시간을 힌디어로 써보세요.

a) 2시 15분 ___________

b) 2시 8분 전 ___________

c) 8시 정각 ___________

d) 9시 반 ___________

정답

1 a) चौदह b) साठ c) एक सौ तीस d) दो हज़ार उन्नीस

2 a) 넓이 b) 무게 c) 거리 d) 높이

3 원 – वृत्त 삼각형 – त्रिभुज 정사각형 – वर्गाकार (चतुर्भुज) 오각형 – पंचभुज

4 a) वर्षा ऋतु, जुलाई, सितंबर
b) बुधवार शनिवार
c) कल – आज – कल
d) दोपहर – शाम – रात
e) अब बाद प्रतिदिन/ रोज़

5 a) सवा दो बजे b) दो बजने में आठ मिनट (बाक़ी) c) आठ बजे d) साढ़े नौ बजे

Theme 4

शहर 셰헤르 도시

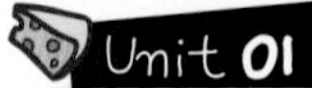

शहर का केंद्र 셰헤르 까- 껜드러 시내

□ अपार्टमेंट 아빠-르뜨멘뜨
아파트

□ विद्यालय 비댤-라에 / स्कूल 스꿀- 학교

□ पुस्तकालय 뿌스따깔-라에
도서관

□ मॉल 멀 쇼핑몰, 백화점
वह नया बना हुआ मॉल है ।
베헤 나야- 바나- 후아- 멀 해
저게 새로 지은 쇼핑몰이래.

□ नामपट्ट
남-빳뜨 간판

□ दुकान 두깐- ⓕ 가게

□ **सिनेमा घर** 씨네마- 가ʰ르
영화관

□ **(पुलिस) थाना**
(뿔리스) 타-나- 경찰서

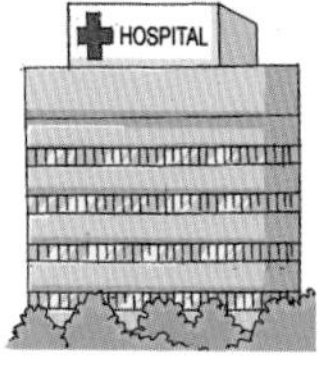

□ **अस्पताल** 아스빠딸- 병원
गले में भारी दर्द है । अस्पताल जाना होगा ।
갈레 메~ 바ʰ-리- 다르드 해. 아스빠딸- 자-나- 호가-
목이 너무 아파. 병원에 가봐야겠어.

□ **डाकघर** 다-끄가ʰ르 /
डाकख़ाना 다-끄카-나- 우체국

□ **दवाख़ाना**
다와-카-나- ⓕ 약국

□ **कारख़ाना** 까-르카-나- /
मिल 밀 ⓕ 공장

관련 단어

- □ बहुमंज़िली इमारत 바후만질리- 이마-라뜨 ⓕ 고층 건물
- □ इमारत 이마-라뜨 ⓕ 빌딩
- □ संग्रहालय 상그라할-라에 박물관
- □ चित्रशाला 찌뜨러샬-라- / आर्ट गैलरी 아-르뜨 갤르리- ⓕ 미술관
- □ किताब भंडार 끼땁- 반다-르 서점
- □ रेलवे स्टेशन 렐베 스떼샨 기차역
- □ हवाई पुल 하와-이- 뿔 / फ्लाईओवर 플라-이-오바르 육교

डाकघर 다-끄가ʰ르 / डाकख़ाना 다-끄카-나
우체국

□ **डाक कर्मचारी** 다-끄 까름짜-리- / **डाक सेवक** 다-끄 쎄박 우체국 직원

ख़िड़की नंबर तीन के डाक कर्मचारी ने मेरा पार्सल स्वीकार कर लिया ।

키르끼- 남바르 띤- 께 다-끄 까름짜-리- 네 메라- 빠-르살 스위-까-르 까르 리야-

3번 창구의 우체국 직원이 내 소포를 접수했다.

□ **डाकिया** 다-끼야- 집배원

वह डाकिया हर दिन इसी समय आता है ।

베헤 다-끼야- 하르 딘 이씨- 사마에 아-따- 해

그 집배원은 매일 이 시간에 온다.

□ **पत्र** 빠뜨러 / **चिट्ठी** 찟티- ⓕ 편지

□ **डाक-टिकट** 다-끄 띠까뜨 우표

□ **लिफ़ाफ़ा** 리파-파- 편지 봉투

□ पिन कोड
삔 꼬드 우편 번호

□ डाक-पेटी 다-끄 뻬띠- ⓕ
우체통

□ भंगुर 방h구르 (취급) 주의

관련 단어

□ डाक 다-끄 ⓕ 우편; 우편물

□ खिड़की 키르끼- ⓕ 창구

□ तराज़ू 따라-주- ⓕ 저울

□ टैरिफ़ 때리프 / डाक व्यय 다-끄 ⓕ 뱌에 우편 요금

□ पता 빠따- 주소

□ डाक-प्रेषण 다-끄 쁘레샨 우송

□ पार्सल 빠-르살 소포

□ पंजीकृत डाक 빤지-끄리뜨 다-끄 ⓕ 등기

□ स्पीड पोस्ट 스삐-드 뽀스뜨 /

द्रुतगामी डाक 드루뜨가-미- 다-끄 ⓕ 속달

A: **क्या डाकघर यहाँ से दूर है ?**

까- 다-끄가^{h}르 야항-~ 쎄 두-르 해?

우체국이 여기서 멀리 있나요?

B: **पास में ही है । पैदल भी जा सकते/*सकती हैं ।**

빠-스 메~ 히- 해. 빼달 비^{h}- 자- 사끄떼/*사끄띠- 행~

아주 가까워요. 걸어서 갈 수 있어요.

A: **पैदल चलकर कितना समय लगेगा ?**

빼달 짤까르 끼뜨나- 사마에 라게가-?

걸어서 얼마나 걸리나요?

B: **लगभग दो मिनट ।**

라그바^{h}그 도 미나뜨

2분 정도요.

Unit 03

अस्पताल 아스빠딸- 병원

□ आंतरिक चिकित्सा विभाग

안-뜨릭 찌낏사- ⓕ 비바^{h}-그　내과

□ शल्य-चिकित्सा विभाग

샬려 찌낏사- ⓕ 비바^{h}-그　외과

□ प्रसूति एवं स्त्री रोग विज्ञान विभाग

뻐라수-띠 ⓕ 에방~ 스뜨리 ⓕ 로그 비갼- 비바^{h}-그

산부인과

□ त्वचा विज्ञान विभाग

뜨와짜- ⓕ 비갼- 비^{h}-그　피부과

□ कान, नाक एवं गला रोग विज्ञान विभाग

깐-, 나-끄 에방~ 갈라- 로그 비갼- 비바^{h}-그　이비인후과

□ बाल चिकित्सा विभाग

발- 찌낏사- ⓕ 비바^{h}-그　소아과

□ दंत चिकित्सा क्लिनिक
단뜨 찌낏사- 끌리닉 치과

□ मनोचिकित्सा विभाग
마노찌낏사- 비바ʰ-그 정신과

□ डॉक्टर 덕-따르 /
चिकित्सक 찌낏삭 의사

□ नर्स 나르스 ⓕ 간호사
नर्स ने मेरा नाम बुलाया ।
나르스 네 메라- 남- 불라-야-
간호사가 내 이름을 불렀다.

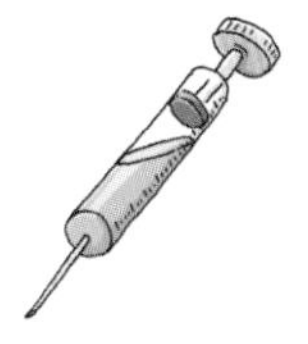

□ सूई 수-이- ⓕ 주사
□ सूई लगाना 수-이- ⓕ 라가-나- 주사를 놓다
□ सूई लगवाना 수-이- ⓕ 라그와-나- 주사를 맞다

□ थर्मामीटर 타르마-미-따르 체온계

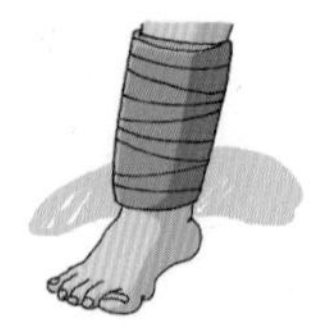

□ बैसाखी 배사-키- ⓕ 목발

□ व्हीलचेयर 휠쩨야르 ⓕ 휠체어

□ प्लास्टर पट्टी
빨라-스따르 빳띠- ⓕ 깁스

관련 단어

□ टीका(करण) 띠까-(까란) 예방접종

□ मूत्र रोग विज्ञान विभाग 무-뜨러 로그 비갼- 비바ʰ-그
비뇨기과

□ विकलांग चिकित्सा विभाग 비끌랑-그 찌낏사- 비바ʰ-그
정형외과

□ प्लास्टिक शल्यचिकित्सा विभाग
빨라-스띡 살려찌낏사- ⓕ 비바ʰ-그 성형외과

□ नेत्रविज्ञान विभाग 네뜨러비갼- 비바ʰ-그 안과

□ एम्बुलेंस 엠뷸렌스 / रोगी-वाहन 로기- 와-한 구급차

□ आपातकालीन चिकित्सा तंत्रज्ञ
아-빠-뜨깔-린- 찌낏사- ⓕ 딴뜨러갸 응급 구조 요원

□ आपातकालीन कक्षा 아-빠-뜨깔-린- 깍샤- ⓕ 응급실

□ मरीज़ 마리-즈 / रोगी 로기- 환자

□ रोग संकेत 로그 상께뜨 증상

□ रोग जाँचना 로그 장-~쯔나- 진찰하다

□ निदान करना 니단- 까르나- 진단하다

□ इलाज करना 일라-즈 까르나- 치료하다

□ शल्यक्रिया करना 샬려끄리야- ⓕ 까르나- 수술하다

□ भर्ती 바ʰ르띠- ⓕ 입원

उन्हें तबीयत बिगड़ने के कारण अस्पताल में भर्ती कराया गया है ।

운헹~ 따비-여뜨 비가르네 께 까-란 아스빠딸- 메~ 바ʰ르띠- 까라-야- 가야- 해

건강이 악화되어 그분께서 병원에 입원하셨어.

□ चिकित्सा प्रमाण-पत्र 찌낏사- ⓕ 쁘라만-빠뜨러 진단서

□ नुसख़ा 누스카- 처방전

□ ख़ून की जाँच 쿤- 끼- 장-~쯔 ⓕ 혈액검사

□ शारीरिक जाँच 샤-리-릭 장-~쯔 ⓕ 건강검진

दवाख़ाना 다와-카-나- 약국

□ **गोली** 골리- ⓕ 알약

गोलियाँ खाना अपेक्षाकृत आसान होता है ।

골리양-~ 카-나- 아뻭샤-끄리뜨 아-산- 호따- 해

알약은 비교적 먹기 편해요.

□ **तरल दवा** 따랄 다와- ⓕ

물약

□ **मरहम** 마르함 연고

घाव पर मरहम लगातर लगाइए ।

가h-우 빠르 마르함 라가-따르 라가-이에

상처에 꾸준히 연고를 발라 주세요.

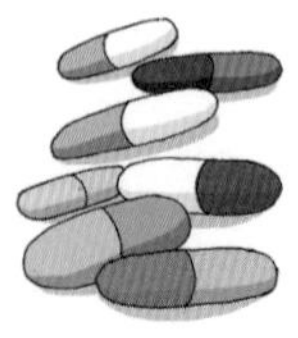

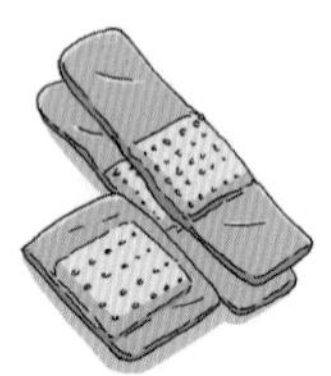

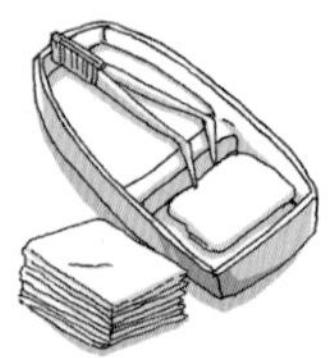

□ **कैप्सूल** 깹술-

캡슐

□ **पलस्तर** 쁠라스따르

일회용 밴드

□ **गॉज़** 거즈 거즈

관련 단어

- □ औषधज्ञ 오우샤드ʰ겨 약사
- □ आंतरिक दवा 안-뜨릭 다와- ⓕ 내복약
- □ सपोसिटरी 사뽀씨뜨리- ⓕ 좌약
- □ दर्दनाशक 다르드나-샥 진통제
- □ नींद की गोली 닌-드 ⓕ 끼 골리- ⓕ 수면제
- □ प्रशामक 쁘라샤-막 진정제
- □ सूजन रोधी 수-잔 로-디ʰ- ⓕ 소염제
- □ दस्त-अवरोधी 다스뜨 아브로디ʰ- ⓕ 설사약, 지사제
- □ नमकीन घोल 남낀- 골ʰ 생리 식염수
- □ कीटाणुनाशक 끼따-누나-샤끄 소독제
- □ पट्टी 빳띠- ⓕ 붕대
- □ विपरीत प्रभाव 비쁘리-뜨 쁘라바-우 부작용
- □ नमीयुक्त टिश्यू 나미-육뜨 띠슈- 물티슈
- □ समाप्ति-तिथि 사마-쁘띠 띠티 ⓕ 유효기한

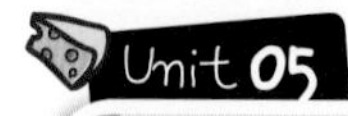

बीमारी 비-마-리- ⓕ 질병

□ ज़ुकाम 주깜- 감기 □ बुख़ार 부카-르 열 □ जाड़ा 자-라- ⓕ 오한

□ फ़्लू 플루- 독감

वह आज फ़्लू के कारण कार्यालय में अनुपस्थित है ।

베헤 아-즈 플루- 께 까-란 까-랼라이 메~ 아누빠스티뜨 해

그는 오늘 독감으로 결근했습니다.

□ उलटी 울띠- ⓕ 구토

□ मतली 마뜰리- ⓕ 구역질

□ सिरदर्द 씨르다르드 두통

□ (दाँतों की) सड़न

(당-~똥~ 끼-) 사란 ⓕ 충치

□ **घाव** 가^{h}-우 상처

□ **घाव भर जाना** 가^{h}-우 바^{h}르 자-나-
상처가 아물다

□ **छाला** 찰-라- 물집

नये जूते पहनने से पैरों में छाले पड़ जाते हैं ।

나예 주-떼 뻬헤느네 쎄 빼롱~ 메~ 찰-레 빠르 자-떼 행~

새 신을 신었더니 발에 물집이 생겼다.

□ **नकसीर** 나끄씨-르 ⓕ 코피

□ **नकसीर फूटना**
나끄씨-르 ⓕ 푸-뜨나- 코피가 나다

□ **उच्च रक्तचाप**
웃쯔 라끄뜨짜-쁘 ⓕ 고혈압

□ **एलर्जी** 엘라르지- ⓕ
알레르기

□ **जलना** 잘르나-
화상을 입다

관련 단어

- □ बीमार 비-마-르 아픈
- □ रोगाणु 로가-누 병균
- □ कैंसर 깬사르 암
- □ मधुमेह 마두ʰ메흐 당뇨병
- □ यकृत शोथ 야끄리뜨 쇼트 간염
- □ मोटापा 모따-빠- 비만증
- □ रक्ताल्पता 라끄딸-쁘따- ⓕ 빈혈
- □ अधकपारी 아다ʰ끄빠-리- ⓕ 편두통
- □ पीठ दर्द 삐-트 다르드 요통
- □ पेट दर्द 뻬뜨 다르드 복통
- □ भोजन विषात्तन 보ʰ잔 비샤-딴 식중독
- □ अपच 아빠쯔 소화불량
- □ क़ब्ज़ 까브즈 변비
- □ दस्त 다스뜨 설사
- □ बर्ड फ़्लू 바르드 플루- 조류독감, 조류 인플루엔자
- □ खाँसी 캉-~씨- ⓕ 기침

□ **छींक** 칭-~끄 ⓕ 재채기

□ **रक्तस्राव** 라끄뜨스라-우 출혈

□ **खरोंच** 카론쯔 찰과상

□ **मोच आना** 모쯔 ⓕ 아-나- 삐다, 접지르다

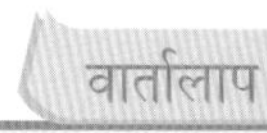

A: **रक्ताल्पता की अवस्था होती है ?**
라끄딸-쁘따- 끼- 아바스타- 깨씨- 호띠- 해?
빈혈 증세는 좀 어때요?

B: **ठीक-ठाक है । जल्द ही बेहतर नहीं हो सकती न ?**
틱-탁- 해. 잘드 히- 베흐따르 나힝-~ 호 사끄띠- 나?
그저 그렇죠, 뭐. 금방 좋아질 리가 없잖아요?

A: **डॉक्टर की सलाह के बिना दवा न छोड़ें ।**
덕따르 끼 살라-흐 께 비나- 다와- 나 초렝~
의사 진단 없이 약 거르지 마요.

B: **मैं नियमित दवा ले रहा/*रही हूँ । चिंता न कीजिए ।**
매~ 니여미뜨 다와- 레 라하-/*라히- 홍-~. 찐따- 나 끼-지에
규칙적으로 먹고 있어요. 걱정하지 마세요.

बैंक 뱅끄 은행

□ **नोट**
노뜨 지폐

□ **सिक्का**
씩까- 동전

□ **रक़म**
라깜 ⓕ 금액

□ **चॅक** 짜끄 / **धनादेशपत्र**
다ʰ나-데슈빠뜨러 수표

□ **क्रेडिट कार्ड** 끄레디뜨 까-르드
신용카드

मेरा क्रेडिट कार्ड खो गया है ।
메라- 끄레디뜨 까-르드 코 가야- 해
신용카드를 분실했어요.

□ **बैंक क्लर्क**
뱅끄 끌라르끄 은행 직원

□ **सुरक्षा गार्ड**
수락샤- 가-르드 청원 경찰

□ **पासबुक** 빠-스 북 (예금) 통장

관련 단어

□ खिड़की 키르끼- ⓕ 업무 창구

□ देन और प्राप्ति 덴 ⓕ 오우르 쁘라-쁘띠 ⓕ 출납

□ ग्राहक 그라-학 고객

□ बचत 바짯 ⓕ 저금, 예금

□ ऋण 린 대출금

□ खाता स्थानांतरण 카-따- 스타-난-뜨란 계좌 이체

□ कमीशन 까미-샨 / दलाली 달라-리- ⓕ 수수료

□ खाता संख्या 카-따- 상캬- ⓕ 계좌 번호

□ पिन 삔 / व्यक्तिगत पहचान संख्या 뱍띠가뜨 빼흐짠- 상캬- ⓕ 비밀번호

□ हस्ताक्षर 하스딱-샤르 / दस्तख़त 다스뜨카뜨 서명, 사인

□ भुगतान करना 부ʰ그딴- 까르나- 납부하다

□ स्वचालित गणक यंत्र 스와짤-리뜨 가나끄 얀뜨러 / एटीएम 에띠-엠 ⓕ 현금 자동 입출금기, ATM

A: **माफ़ करें, यहाँ आसपास कोई बैंक है?**
마-프 까렝~, 야항-~ 아-스빠-스 꼬이- 뱅끄 해?
저, 이 근처에 은행이 있나요?

B: **वहाँ बड़ी इमारत के बग़ल में ही है ।**
바항-~ 바리- 이마-라뜨 께 바갈 메~ 히- 해
저기 큰 빌딩 바로 옆에 있어요.

A: **धन्यवाद ।**
다^{h}냐와-드
고마워요.

फ़ास्ट फ़ूड 파-스뜨 푸-드 패스트푸드

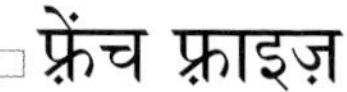

□ **फ़्रेंच फ़्राइज़**
프렌쯔 프라-이즈
감자튀김, 프렌치프라이

□ **हैमबर्गर**
햄바르가르 햄버거

□ **डोनट**
도낫 도넛

□ **सैंडविच** 샌드비쯔 샌드위치
मुझे हैम-अंडा सैंडविच पसंद आता है ।
무제ʰ 햄안다- 샌드비쯔 빠산드 아-따- 해
나는 햄에그 샌드위치가 좋아요.

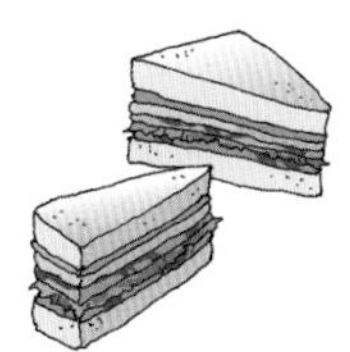

□ **फ़्रायड चिकन** 프라-에드 찌깐 프라이드치킨
यहाँ फ़्रायड चिकन बहुत ही स्वादिष्ट है ।
야항-~ 프라-에드 찌깐 바훗 히- 스와-디슈뜨 해
이 집 프라이드치킨 참 맛있어.

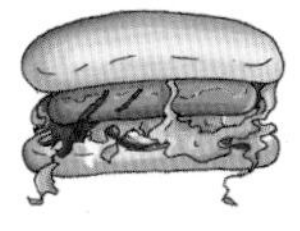

□ **हॉट डॉग**
핫 덕 핫도그

□ **कोला** 꼴라- 콜라

□ **स्ट्रॉ** 스뜨러 빨대

관련 단어

- □ नाश्ता 나-슈따 / जलपान 잘빤- 스낵, 간식
- □ पिज़्ज़ा 삣자- 피자
- □ टोस्ट 또스뜨 토스트
- □ शीतल पेय 시-딸 뻬여 청량음료
- □ डिब्बाबंद पेय 딥바-반드 뻬여 캔 음료
- □ मिल्कशेक 밀끄셱 밀크셰이크
- □ आइसक्रीम 아-이스끄림- ⓕ 아이스크림

- □ स्वाद 스와-드 맛
- □ मीठा 미타- 달콤한
- □ नमकीन 남낀- 짠, 짭짤한
- □ स्वादिष्ट 스와-디슈뜨 맛있는
- □ थाली 탈-리- ⓕ 쟁반

인도 문화 엿보기 | Veg? Non-Veg?

인도에는 종교적 채식주의자가 많은 만큼 채식주의가 체계적으로 제도화되어 있습니다. 일례로 인도에서 판매되는 포장 식품은 모두 그 재료에 따라 채식(Veg)인지 비(非)채식(Non-Veg)인지 표시해야 하는데요. 녹색 점은 채식주의자가 먹을 수 있음을, 붉은 갈색 점은 그렇지 않음을 나타냅니다.

2006년 식품 안전 및 표준(포장 및 상표) 법안 발효와 함께 이 표식 사용이 시작되었고, 2011년 의무화되었습니다.

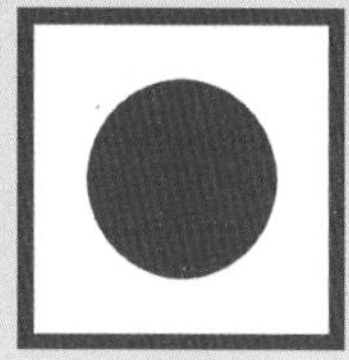

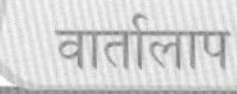

A: **आप क्या लेंगे/*लेंगी ?**
압- 꺄- 렝~게/*렝~기-?
무엇을 드릴까요?

B: **दो चीज़बर्गर कॉमबो मील दीजिए ।**
도 찌-즈바르가르 껌보 밀- 디-지에
치즈버거 세트 두 개 주세요.

A: **यहाँ पर खाएँगे/*खाएँगी या पैक करवाके ले जाएँगे/*जाएँगी ?**
야항-~ 빠르 카-엥~게/*카-엥~기- 야- 빽 까르와-께 레 자-엥~게/*자-엥~기-?
여기서 드실 건가요. 아니면 포장해 가시겠어요?

B: **यहाँ खाकर जाऊँगा/*जाऊँगी ।**
야항-~ 카-까르 자-웅-~게/*자-웅-~기-.
여기서 먹고 갈 거예요.

रेस्तराँ 레스따랑-~ 레스토랑

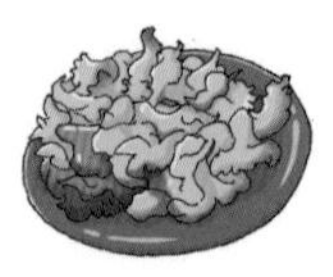

□ स्टेक 스떼끄 스테이크

□ सलाद 살라-드 샐러드

□ स्पघेटी 스빠게ʰ띠- 스파게티

क्या आज लंच में स्पघेटी ले लें ?

꺄- 아-즈 란쯔 메~ 스빠게ʰ띠- 레 렝~?

오늘 점심으로 스파게티 어때?

□ सूप 수-쁘 / शोरबा 쇼르바- 수프

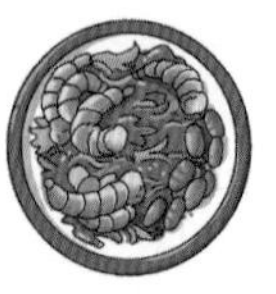

□ करी और चावल

까리- 오우르 짜-발 카레라이스

□ समुद्री भोजन 사무드리- 보ʰ잔

해산물 요리

관련 단어

□ भात 바h-뜨 밥

□ व्यंजन 뱐잔- 요리

□ बच्चों का मेन्यू 밧쫑~ 까- 메뉴- 어린이 메뉴

□ स्टार्टर 스따-르따르 스타터

□ मिष्ठान्न 미슈탄-느 디저트

□ अच्छी तरह पका हुआ 앗치- 따라흐 ⓕ 빠까- 후아- 웰던, 잘 익힌

□ मीडियम रेअर 미-디얌 레아르 미디엄, 중간 정도로 익힌

□ रेअर 레아르 레어, 살짝만 익힌

□ भुना हुआ 부h나- 후아- 구운

□ तला हुआ 딸라- 후아- 기름에 튀긴

□ मसाले में लिपटा हुआ 마살레 메~ 리쁘따- 후아-- 양념에 재운

□ अचारित 아짜-리뜨 식초에 절인

□ ऑर्डर करना 어르다르 까르나- 주문하다

□ बैरा 배라- 종업원, 웨이터

□ नैपकिन 냅낀 냅킨

□ रसीद 라씨-드 ⓕ 계산서

인도 문화 엿보기 | 미타이

मिठाई[미타-이-]는 인도인들이 즐겨 먹는 디저트용 단 음식의 총칭으로, '달콤한'이라는 뜻의 형용사 मिठा[미타-]의 명사 형태입니다. 미타이의 주재료는 설탕 외에도 밀가루, 우유, 연유, 유고형분 등으로, 여기에 향신료, 견과류, 말린 과일, 야채가 더해집니다. 재료만큼 조리법도 다양합니다. खीर[키-르]는 쌀과 우유에 설탕을 넣어 끓인 것입니다. बर्फ़ी[바르피-]는 농축우유의 일종인 खोया[코야-]와 설탕을 구워서 만든 미타이로, 어떤 재료를 추가하는지에 따라 여러 종류가 있습니다. 미타이에는 소용돌이 모양의 반죽을 우유기름인 घी[기^h-]에 튀긴 뒤 시럽에 재워 만드는 जलेबी[잘레비-]도 있으며, 아이스크림처럼 얼려서 만드는 कुल्फ़ी[꿀피-]도 있습니다.

미타이를 파는 사람을 हलवाई[할와-이-]라고도 부르는데, हलवा[할와-]는 밀가루나 곡물가루를 주재료로 과일이나 야채를 넣은 뒤 쪄서 만든 미타이를 가리킵니다. 미타이는 인도인들의 생활에서 떼어놓을 수 없습니다. 명절, 축제, 결혼식 등 특별한 날에 미타이를 나눠 먹고, 신(神)에게 예배를 드릴 때 미타이를 올리며, 경사가 있으면 우리가 떡을 돌리듯 미타이를 돌립니다. 일상생활에서는 식사 후 디저트 또는 간식으로 미타이를 먹습니다.

A: **दो स्टेक दीजिए ।**
도 스떼끄 디-지에
스테이크 2인분 주세요.

B: **आपको स्टेक की पूर्णता की कौन-सी पसंद है ?**
압-꼬 스떼끄 끼- 뿌-른따- 끼- 꼬운씨- 빠산드 해?
스테이크는 어떻게 해드릴까요?

A: **मीडियम रेअर ।**
미-디얌 레아르
미디엄으로 해주세요.

भारतीय व्यंजन 바ʰ-르띠-에 뱐잔 인도 요리

□ तंदूरी चिकन 딴두-리- 찌깐
탄두리 치킨 (화덕에 구운 양념 닭)

□ नान 난- ⓕ 난
(화덕에 구운 백밀 빵)

□ दाल 달- ⓕ 달
(걸쭉하게 끓인 콩 요리)

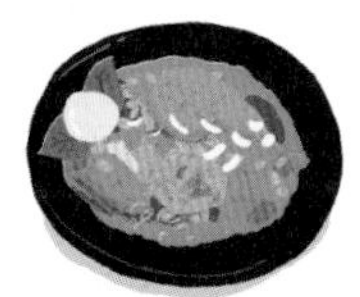

□ बिरयानी 비르야-니- ⓕ
비르야니 (닭고기나 양고기를 넣은 인도식 볶음밥)

□ कबाब 까밥- 케밥

□ इडली 이들리- ⓕ
이들리 (쌀과 검은콩을 갈아 발효시켜 찐 담백한 남인도 음식)

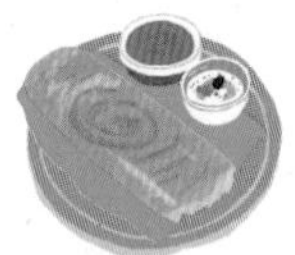

□ **डोसा** 도사- 도사
(불린 쌀과 콩을 갈아 얇게 구운 남인도 음식)

□ **समोसा** 사모사- 사모사
(삼각형 모양의 튀김)

□ **पकौड़ा** 빠꼬우라- 빠꼬우라
(향신료를 첨가한 튀김옷을 입혀 만든 야채 튀김)

□ **रायता** 라-에따- 라이따
(다히에 채소와 향신료 등을 넣어 만든 음식)

□ **चाय** 짜-에 ⓕ 짜이 (인도식 밀크티)

관련 단어

□ **चपाती** 짜빠-띠- ⓕ 짜빠띠 (둥글납작한 가정식 통밀 빵)

□ **कोफ़्ता** 꼬프따- ⓕ 꼬프따 (고기와 야채를 갈아 둥글게 빚어 익힌 요리)

□ **अचार** 아짜-르 아짜르 (인도식 피클)

□ **चटनी** 짜뜨니- ⓕ 처트니 (인도식 소스)

인도 문화 엿보기 | 북부 인도의 짜이, 남부 인도의 커피

चाय[짜-에]는 인도식 밀크티로 진하고 달콤한 맛이 특징입니다. 짜이에는 카다멈, 계피, 생강, 팔각, 후추, 정향 등의 향신료가 들어가기 때문에 '향신료 짜이'라는 뜻에서 **मसाला चाय**[마살-라- 짜-에]라고도 불립니다. 짜이를 만드는 방법은 매우 다양하지만 일반적으로 우유에 찻잎, 향신료, 설탕을 넣어 푹 끓인 뒤 찻잎과 향신료 찌꺼기를 걸러내면 완성됩니다.

오늘날 인도는 세계 최대의 차 생산국이자 소비국이지만 **चाय**[짜-에]의 역사는 영국 식민시대부터 시작됩니다. 동인도회사는 중국의 차(茶) 생산 독점에 대응하여 인도 동북부 아삼 지역에서 차를 생산하기 시작했습니다. 차 생산량이 늘어나면서 상대적으로 상품 가치가 떨어지는 찻잎은 인도인에게 주어졌고, 그들이 자기 입맛에 맞춰 향신료를 더해서 마시기 시작한 것이 **मसाला चाय**[마살-라- 짜-에]입니다.

한편 남부 인도에서는 **चाय**[짜-에]보다 즐겨 마시는 음료가 있는데 바로 커피입니다. 특히 잘게 분쇄된 커피가루를 필터로 여과시켜 그 추출물을 거품을 낸 다음 끓인 우유와 혼합하여 만든 남부 인도식 필터커피가 인기 있습니다. 필터커피는 손잡이가 없는 금속 찻잔과 넓고 깊은 금속 받침에 담아내는데, 커피를 마시기 전에 '다바라'라는 이름의 이 받침에 부어 식히는 것이 전통적인 방법입니다.

- □ **खीर** 키-르 ⓕ **키르** (끓는 우유에 쌀과 견과류 등을 넣어 만든 죽)
- □ **खिचड़ी** 키쯔리- ⓕ **키쯔리** (쌀과 콩을 함께 끓여 만든 죽)
- □ **तंदूर** 딴두-르 (흙으로 만든) **화덕**

मधुशाला 마두ʰ샬-라- / बार 바-르 술집

□ कॉकटेल 꺽뗄 칵테일

□ वाइन 와-인 /
मदिरा 마디라- ⓕ 와인

□ बीयर 비-야르 ⓕ 맥주

□ ड्राफ़्ट बीयर 드라-프뜨 비-야르 ⓕ 생맥주

गर्मी में ठंडी ड्राफ़्ट बीयर मेरा मिज़ाज़ ठंडा कर रही है।

가르미 메~ 탄디- 드라-프뜨 비-야르 메라- 미자-즈 탄다- 까르 라히- 해

여름엔 차가운 생맥주가 내 기분을 시원하게 해준다.

□ सोडा-वाटर 소다-와-따르
소다수

□ नमकीन 남낀-
소금이 가미된 스낵, 안주

□ बारटेंडर 바-르뗀다르
바텐더

관련 단어

- □ **शराब** 샤랍- ⓕ / **मदिरा** 마디라- ⓕ / **सुरा** 수라- ⓕ 술
- □ **व्हिस्की** 휘스끼- ⓕ 위스키
- □ **रम** 람 ⓕ 럼
- □ **वोडका** 보드까- ⓕ 보드카
- □ **जिन** 진 ⓕ 진
- □ **जिन और टॉनिक** 진 ⓕ 오우르 또닉 진토닉
- □ **शँपेन** 샹~뻰 ⓕ 샴페인
- □ **हंड़िया** 한리야- ⓕ 쌀로 빚은 인도 전통주
- □ **नशे में होना** 나셰 메~ 호나- 취하다

A: **लगता है कि हमने थोड़ी बहुत शराब पी ली ।**
라그따- 해 끼 함네 토리- 바훗 샤랍- 삐- 리-
우리 너무 많이 마신 거 같아.

B: **नहीं, एक और प्याले की बीयर पीकर चलें ।**
나힝-~, 에끄 오우르 빨-레 끼- 비-야르 삐-까르 짤렝~
아니야, 맥주 한잔만 더 마시고 가자.

A: **तुम नशे में हो ।**
뚬 나셰 메~ 호
너 취했어.

होटल 호딸 호텔

□ **मुख्य भवन**
무켜 바^{h}반 본관

□ **उपभवन**
우쁘바^{h}반 별관

□ **लॉबी** 러비- ⓕ 로비
जल्दी आओ ।
मैं लॉबी पर तुम्हारा इंतज़ार कर रहा/*रही हूँ ।
잘디- 아-오
매~ 러비- 빠르 뚬하-라- 인뜨자-르 까르 라하-/*라히- 홍-~
빨리 와. 나 지금 로비에서 기다리고 있어.

□ **चेक-इन** 쩨끄인 체크인
□ **चेक-आउट** 쩨끄아-웃 체크아웃
मैं अभी चेक-आउट करता/*करती हूँ ।
매~ 아비^{h}- 쩨끄아-웃 까르따-/*까르띠- 홍-~
지금 체크아웃하려고 하는데요.

□ **फ़्रंट डेस्क** 프란뜨 데스끄 ⓕ
프런트 데스크

□ **सिंगल रूम** 씽걸 룸-

싱글룸

□ **ट्विन रूम** 뜨윈 룸-

트윈룸

□ **कर्मचारी** 까름짜-리-

종업원, 호텔 직원

□ **टिप्स** 띱스 ⓕ 팁

धन्यवाद, ये टिप्स आपके लिए हैं ।

다^{h}냐와-드, 예 띱스 압-께 리에 행~

고마워요. 이건 팁이에요.

□ **वेकअप कॉल सेवा**

베끄압 껄 쎄와- ⓕ 모닝콜 서비스

मुझे कुल सुबह छः बजे वेकअप कॉल चाहिए ।

무제^{h} 깔 수버ㅎ 체 바제 베끄압 껄 짜-히에

내일 아침 여섯 시에 모닝콜 서비스 부탁합니다.

관련 단어

- □ मेहमान 메흐만- / अतिथि 아띠티 손님
- □ कंसीयज 깐씨-야즈 컨시어지
- □ पाँच सितारा होटल 빵-~쯔 씨따-라- 호딸 오성급 호텔
- □ आरक्षण करना 아-륵샨 까르나- (방을) 예약하다
- □ ख़ाली कमरा 칼-리- 까므라- 빈방
- □ लिफ़्ट 리프뜨 엘리베이터
- □ गलियारा 갈리야-라- 복도
- □ सामान भंडारण 사-만- 반ʰ다-란 물품보관 (서비스)
- □ कुली 꿀리- 포터, 짐꾼
- □ नाश्ता शामिल 나-슈따- 샤-밀 조식 포함
- □ मुफ़्त वाई-फ़ाई 무프뜨 와-이-파-이- 무료 와이파이
- □ धूम्रपान रहित 두ʰ-므러빤- 라힛 금연 (객실)
- □ व्यापारिक सुविधाएँ 뱌-빠-릭 수비다ʰ-엥~ ⓕ 비즈니스 편의시설
- □ निजी बाथरूम 니지- 바-트룸- 개인 욕실
- □ साझा लाउंज 사-자-ʰ- 라-운즈 공용 라운지

□ **निःशुल्क पार्किंग** 니히슐끄 빠-르낑 ⓕ 무료 주차

□ **वातानुकूलन** 와-따-누꿀-란 냉(난)방

A: **मैं कमरों का आरक्षण करना चाहूँगा/*चाहूँगी ।**
매~ 까므롱~ 까- 아-륵샨 까르나- 짜-훙-~가-/*짜-훙-~기-
방을 예약하려고 하는데요.

B: **जी, आप कब ठहरना चाहेंगे/*चाहेंगी ?**
지-, 압- 깝 테헤르나- 짜헹~게/*짜헹~기-?
예, 언제 숙박하실 건가요?

A: **इस शुक्रवार से रविवार तक ।**
이스 슈끄러와-르 쎄 라비와-르 딱
이번 주 금요일부터 일요일까지요.

B: **अच्छा, कितने लोगों के लिए ?**
앗차-, 끼뜨네 로공~ 께 리에?
예, 몇 분이십니까?

A: **चार हैं । दो ट्वीन रूम दीजिए ।**
짜-르 행~. 도 뜨윈 룸- 디-지에
네 명인데요. 트윈룸으로 두 개 주세요.

1 인간
2 가정
3 수
4 도시
5 교통
6 업무
7 경제, 사회
8 쇼핑
9 스포츠, 취미
10 자연

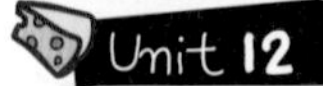

विद्यालय 비댤-라에 / स्कूल 스꿀- 학교

❶ **कक्षा** 깍샤- 교실

❷ **शिक्षक** 식샥 / **अध्यापक** 아댜ʰ-빡 교사

शिक्षिका 식시까- ⓕ / **अध्यापिका** 아댜ʰ-삐까- ⓕ 여교사

❸ **छात्र** 차-뜨러 남학생

छात्रा 차-뜨라- ⓕ 여학생

❹ **मेज़** 메즈 ⓕ 책상

❺ **कुर्सी** 꾸르씨- ⓕ 의자

❻ **पाठ्यपुस्तक** 빠-텨뿌스따ㄲ ⓕ 교과서

❼ **क़लमदान** 깔람단- 필통

❽ **पेंसिल** 뻰씰- ⓕ 연필

❾ रबड़ 라바르 지우개

❿ चित्रांकनी 찌뜨랑-끄니- ⓕ 색연필

⓫ रूलर 룰-라르 자

⓬ ग्लोब 글로브 지구본

⓭ सूचना पट्ट 수-쯔나 ⓕ 빳뜨 게시판

관련 단어

- □ बाल विहार 발- 비하-르 유치원
- □ प्राथमिक विद्यालय 쁘라-트믹 비댤-라에 초등학교
- □ माध्यमिक विद्यालय 마-뎌^{h}믹 비댤-라에 중학교
- □ उच्च विद्यालय 웃쯔 비댤-라에 고등학교
- □ विश्वविद्यालय 비슈워비댤-라에 대학교, 종합대학
- □ कॉलेज़ 껄레즈 단과대학
- □ छात्रावास 차-뜨라-와-스 기숙사
- □ पुस्तकालय 뿌스따깔-라에 도서관
- □ महाकक्ष 마하-깍슈 강당
- □ मैदान 매단- 운동장
- □ व्यायामशाला 뱌-얌-샬-라- 체육관

□ गलियारा 갈리야-라- 복도

□ प्रसाधन 쁘라사-단ʰ / शौचालय 쇼우짤-라에 화장실

□ परीक्षा 빠릭샤- ⓕ / इम्तिहान 임띠한- 시험

□ परीक्षा की अवधि 빠릭샤- ⓕ 끼 아브디ʰ ⓕ 시험 기간

□ शिक्षा 식샤- ⓕ 교육

□ पढ़ाई 빠라ʰ-이- ⓕ 공부

□ स्कूल जाना 스꿀- 자-나- 등교하다

□ सहपाठी 세흐빠-티- 급우, 반 친구

विषय 비샤에 과목

□ इतिहास 이띠하-스 역사

□ संगीत 상기-뜨 음악

□ अंग्रेज़ी 앙그레지- ⓕ 영어

□ रसायन 라사-얀 화학

□ विज्ञान 비갼- 과학

□ ललित कला 랄리뜨 깔라- ⓕ 미술

मुझे ललित कला विषय अच्छा लगता है ।

무제h 랄리뜨 깔라- 비샤에 앗차- 라그따- 해

나는 미술 과목을 좋아한다.

□ शारीरिक शिक्षा

샤-리-릭 식샤- ⓕ 체육

Unit 13 विषय ▶▶▶

관련 단어

□ गणित 가니뜨 수학

□ साहित्य 사-히뗘 문학

□ रचनात्मक लेखन 라쯔나-뜨마끄 레칸 작문

□ दर्शन 다르샨 철학

□ राजनीति विज्ञान 라-즈니-띠 비갼- 정치학

□ अर्थशास्त्र 아르트샤-스뜨러 경제

□ विश्व इतिहास 비슈버 이띠하-스 세계사

□ समाजशास्त्र 사마-즈샤-스뜨러 사회

□ मनोविज्ञान 마노비갼- 심리학

□ भूगोल 부^{h}-골 지리

□ जीव विज्ञान 지-우 비갼- 생물

□ भौतिक विज्ञान 보^{h}우띡 비갼- 물리

□ पृथ्वी विज्ञान 쁘리트위- 비갼- 지구과학

A: सुना है कि जिनसू ने आज इतिहास की परिक्षा में सौ प्रतिशत अंक हासिल किये हैं ।
수나- 해 끼 진수- 네 아-즈 이띠하-스 끼- 빠릭샤- 메~ 소우 쁘라띠샤뜨 앙끄 하-씰 끼예 행~
진수는 오늘 세계사 시험 백점 맞았대.

B: अच्छा ? तुमने कितने अंक लाये हैं ?
앗차-? 뚬네 끼뜨네 앙끄 라-예 행~?
그래? 넌 몇 점인데?

A: मुझे कहने में शर्म आ रही है । पूछो मत ।
무제^{h} 께흐네 메~ 샤름 아 라히- 해. 뿌-초- 마뜨
말하기 창피하다. 묻지 마.

Unit 14

(पुलिस) थाना (뿔리스) 타-나- 경찰서

□ **पुलिस** 뿔리스 ⓕ / **आरक्षक** 아-락샤 경찰

□ **पिस्तौल** 삐스또울 ⓕ / **तमंचा** 따만짜- 권총

□ **चोर** 쪼르 도둑

□ **गिरफ़्तारी** 기라프따-리- ⓕ 체포

□ **हिंसा** 힝사- ⓕ 폭행

□ **शिकार** 시까-르 피해자

□ **सबूत** 사부-뜨 증거

वह सबूतों के अभाव में बरी किया गया ।

버허 사부-똥~ 께 아바h-우 메~ 바리- 끼야- 가야-

그는 증거 불충분으로 풀려났다.

관련 단어

- □ थाना 타-나- 파출소
- □ जासूस 자-수-스 형사, 탐정
- □ हथकड़ी 하트까-리- ⓕ 수갑
- □ हथकड़ी लगाना 하트까-리- ⓕ 라가-나- 수갑을 채우다
- □ गवाह 가와-흐 목격자, 증인
- □ अन्यत्र उपस्थिति 아냐뜨러 우빠스티띠 ⓕ 알리바이
- □ अपराधी 아쁘라-디^{h}- 범인
- □ अपराध 아쁘라-드^{h} 범죄
- □ चुराना 쭈라-나- 훔치다
- □ जेबकतरा 젭까뜨라- 소매치기
- □ उठाईगीर 우타-이-기-르 좀도둑
- □ डाकू 다-꾸- / लुटेरा 루떼라- 강도
- □ लूट 루-뜨 강도질, 약탈
- □ धोखेबाज़ी 도^{h}케바-지- ⓕ 사기
- □ घूस 구^{h}-스 ⓕ 뇌물
- □ मामला 마-믈라- 사건

धर्म 다ʰ름 종교

□ हिंदू धर्म 힌두- 다ʰ름 힌두교

□ इस्लाम धर्म 이슬람- 다ʰ름 이슬람교

□ मुसलमान 무살만- 이슬람교도

□ बौद्ध धर्म 보웃드ʰ 다ʰ름 불교

□ बौद्ध मंदिर 보웃드ʰ 만디르 절

दादी जी प्रार्थना करने बौद्ध मंदिर अक्सर जाती हैं ।

다-디- 지- 쁘라-르트나- 까르네 보웃드ʰ 만디르 악사르 자-띠- 행~

할머니는 불공 드리러 절에 자주 가신다.

□ कैथोलिक धर्म 깨톨릭 다ʰ름 천주교

□ ईसाई धर्म 이-사-이- 다ʰ름 기독교

□ **कैथेड्रल** 깨테드랄 성당

□ **गिरजाघर** 기르자-가^{h}르 교회

□ **मठ** 마트 수도원, 승원

관련 단어

□ **भगवान** 바^{h}그완- 신

□ **ईसा** 이-사- 예수

□ **बुद्ध** 붓드^{h} 부처

□ **स्वर्ग** 스와르그 천국

□ **नरक** 나라끄 지옥

□ **सिद्धांत** 씻단-뜨 교의, 교리

□ **धर्मग्रंथ** 다^{h}름그란트 경전

□ **बाइबिल** 바-이빌 성경

□ **बौद्ध धर्मग्रंथ** 보웃드^{h} 다^{h}름그란트 불경

□ **बुद्ध की मूर्ति** 붓드^{h} 끼 무-르띠- ⓕ 불상

□ **पूजा** 뿌-자- ⓕ / **उपासना** 우빠-스나- ⓕ 예배

□ **यज्ञ** 야겨 희생제의

□ **प्रार्थना करना** 쁘라-르트나- ⓕ 까르나- 기도하다

- □ **मिस्सा** 밋사- 미사
- □ **क्रूस** 끄루-스 십자가
- □ **भजन** 바^{h}잔 / **स्तोत्र** 스또뜨러 찬송가

- □ **पोप** 뽀쁘 교황
- □ **पादरी** 빠-드리- 신부, 목사
- □ **नन** 난 수녀
- □ **भिक्षु** 빅^{h}슈 승려
- □ **संन्यासी** 산냐-씨- 고행자

- □ **जैन धर्म** 잰 다^{h}름 자이나교
- □ **सिक्ख धर्म** 씩크 다^{h}름 시크교
- □ **गुरुद्वारा** 구루드와-라- 시크교 사원
- □ **यहूदी धर्म** 야후-디- 다^{h}름 유대교

복습문제 अभ्यास

1 다음 그림과 단어를 연결해 보세요.

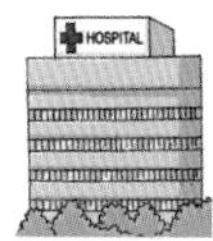

विद्यालय / स्कूल　　अस्पताल　　पुस्तकालय　　सिनेमा घर

2 다음 단어의 뜻을 써보세요.

a) पत्र / चिट्ठी ________　　डाक-टिकट ________

डाकिया ________　　पार्सल ________

b) डॉक्टर / चिकित्सक ________　　नर्स ________

मरीज़ / रोगी ________　　औषधज्ञ ________

c) गोली ________　　मरहम ________

फ़्लू ________　　ज़ुकाम ________

घाव ________　　छाला ________

3 다음 보기에서 단어를 골라 빈칸에 써넣어 보세요.

a) हस्ताक्षर / दस्तख़त　　बचत　　नोट
पिन / व्यक्तिगत पहचान संख्या

b) डोनट　　हॉट डॉग　　थाली　　हैमबर्गर

a) 지폐 ________　　저금 ________

서명 ________　　비밀번호 ________

b) 핫도그 ______________ 도넛 ______________

햄버거 ______________ 쟁반 ______________

4 다음 그림과 단어를 연결해 보세요.

भात समुद्री भोजन स्टेक सलाद सूप / शोरबा

5 다음 단어를 힌디어 혹은 우리말로 고쳐 보세요.

a) 맥주 ______________ 칵테일 ______________

वाइन / मदिरा ______________ 술 ______________

b) 로비 ______________ आरक्षण करना ______________

वेकअप कॉल सेवा ______________ 팁 ______________

6 다음 보기에서 단어를 골라 빈칸에 써넣어 보세요.

a) रूलर रबड़ पाठ्यपुस्तक कुर्सी सहपाठी

b) संगीत विज्ञान इतिहास गणित जीव विज्ञान

a) 급우 ______________ 자 ______________ 지우개 ______________

의자 ______________ 교과서 ______________

b) 역사 ____________ 과학 ______________ 수학 ______________

생물 ____________ 음악 ______________

7 다음 빈칸에 알맞은 힌디어를 써넣어 보세요.

a) 열이 있습니까?

क्या आपको ________ है ?

b) 예금 계좌를 만들고 싶습니다.

मैं ________ खाता खोलना चाहता/*चाहती हूँ ।

c) 내가 주문할게. (식당에서)

मैं ऑर्डर करूँगा/*करूँगी । (___________ में)

d) 내가 가장 좋아하는 과목은 체육입니다.

मुझे विषयों में ________________ सबसे ज़्यादा पसंद है ।

정답

1 영화관 – सिनेमा घर 병원 – अस्पताल 학교 – विद्यालय / स्कूल 도서관 – पुस्तकालय

2 a) 편지 우표 집배원 소포
b) 의사 간호사 환자 약사
c) 알약 연고 독감 감기 상처 물집

3 a) नोट बचत हस्ताक्षर / दस्तख़त पिन / व्यक्तिगत पहचान संख्या
b) हॉट डॉग डोनट हैमबर्गर थाली

4 수프 – सूप / शोरबा 샐러드 – सलाद 해산물 요리 – समुद्री भोजन
스테이크 – स्टेक 밥 – भात

5 a) बीयर कॉकटेल 와인 शराब / मदिरा / सुरा
b) लॉबी 예약하다 모닝콜 서비스 टिप्स

6 a) सहपाठी रूलर रबड़ कुर्सी पाठ्यपुस्तक
b) इतिहास विज्ञान गणित जीव विज्ञान संगीत

7 a) बुख़ार b) बचत c) रेस्तराँ d) शारीरिक शिक्षा

THEMATIC HINDI WORDS

Theme 5

→ यातायात 야-따-야-뜨 교통

Unit 01 वाहन 탈것
Unit 02 साइकिल 자전거
Unit 03 बाइक 오토바이
Unit 04 कार / मोटरगाड़ी 자동차
Unit 05 सड़क 도로
Unit 06 रेलगाड़ी 기차
Unit 07 बंदरगाह 항구
Unit 08 हवाई जहाज़ 비행기

वाहन 와-한 탈것

□ मेट्रो 메뜨로 ⓕ 지하철, 전철

ट्रैफ़िक जाम हो रहा है, चलो, मेट्रो से चलें ।

뜨래픽 잠- 호 라하- 해, 짤로, 메뜨로 쎄 짤렝~

길이 막히니 전철 타고 가자.

□ रेलगाड़ी 렐가-리- ⓕ / ट्रेन 뜨렌 ⓕ 기차, 열차

□ तीव्र गति रेल 띠-브러 가띠 렐 ⓕ 고속열차

□ कार 까-르 ⓕ / गाड़ी 가-리- ⓕ 자동차

□ कनवर्टिबल (कार) 깐바르띠발 (까-르 ⓕ) 오픈카

□ बस 바스 ⓕ 버스

□ ट्रक 뜨락 ⓕ / लॉरी 러리- ⓕ 트럭

□ **साइकिल** 사-이낄 ⓕ 자전거

जो साइकिल घर के सामने खड़ी थी वह ग़ायब हो गयी ।

조 사-이낄 가^{h}르 께 삼-네 카리- 티- 베헤 가-얍 호 가이-

집 앞에 세워둔 자전거가 없어졌다.

□ **स्कूटर** 스꾸따르 스쿠터

यह वही स्कूटर है जो मेरा भाई चलाता था ।

예헤 버히- 스꾸-따르 해 조 메라- 바^{h}-이- 짤라-따- 타-

이 스쿠터는 형이 타던 것이다.

□ **मोटरसाइकिल**

모따르사-이낄 ⓕ /

बाइक 바-이끄 ⓕ 오토바이

□ **हवाई जहाज़**

하와-이 자하-즈

비행기

□ **हैलीकॉप्टर**

헬리껍따르

헬리콥터

□ **लाइट विमान**

라-이뜨 비만-

경비행기

□ हॉट-एयर-बैलून
허뜨 에야르 밸룬- 기구

□ जलयान 잘얀- / जहाज़ 자하-즈 선박, 배

□ नाव 나-우 ⓕ / नौका 노우까- ⓕ (작은) 배

□ याट 야-뜨 ⓕ 요트

□ रिक्शा 릭샤- 릭샤

□ ऑटो 어또 ⓕ 오토릭샤

वार्तालाप

A: हम कैसे चलते हैं ?
함 깨쎄 짤떼 행~?
우리 어떻게 갈 거야?

B: मेट्रो से ।
메뜨로 쎄.
전철로.

A: मुझे मेट्रो से ऑटो पसंद है । ऑटो हमें घर के सामने ही पहुँचा देती है ।
무제^h 메뜨로 쎄 어또 빠산드 해. 어또 하멩~ 가^{h}르 께 삼-네 히- 빠훙~ 짜- 데띠- 해.
나는 전철보다 오토릭샤가 좋아. 오토릭샤는 집 바로 앞까지 데려다주잖아.

인도 문화 엿보기 | 인도의 교통수단1 - 오토릭샤

오토릭샤는 인도 전역에서 비교적 저렴한 가격으로 이용할 수 있는 가장 대중적인 교통수단입니다. '자동'을 뜻하는 영어 단어 auto에 일본어 力車(력거)에서 유래한 रिक्शा[릭샤-]의 합성어로, 줄여서 ऑटो[어또]라고도 부릅니다.

오토릭샤는 앞에 한 개, 뒤에 두 개의 바퀴가 달려 있는 자동식 삼륜차입니다. 앞에는 기사가, 뒤에는 두세 명의 승객이 앉을 수 있으며, 뒷좌석 너머에 짐을 둘 수 있는 공간이 마련되어 있습니다. 별도의 문 없이 양면이 열린 구조이며, 합승이 비교적 자유롭게 이루어집니다.

요금은 최초 탑승 후 1.5km까지 기본 요금 Rs25, 이후 1km마다 Rs9.5씩 더해지며, 밤 11시부터 새벽 5시까지는 운임의 25%에 해당하는 야간 할증이 적용됩니다(2019년 기준). 이 외에도 대기 시간이 길어지거나 수하물의 부피가 큰 경우 추가 요금이 붙습니다. 오토릭샤의 요금 책정은 미터기에 따르는 것이 원칙이지만 기사와의 흥정에 따라 결정되는 경우가 비일비재합니다.

인도의 교통수단2 - 델리 메트로

델리를 중심으로 인근 위성도시를 이어주는 델리 메트로는 교통체증으로 골치를 앓는 델리에서 가장 빠른 속도를 자랑하는 대중교통입니다. 델리 메트로는 공항철도를 포함하여 아홉 개 노선으로 이루어져 있으며, 공항철도를 제외하고는 Red Line(1호선), Yellow Line(2호선), Blue Line(3호선, 4호선), Green Line(5호선), Violet Line(6호선), Pink Line(7호선), Magenta Line(8호선)처럼 색깔로 구분됩니다. 델리메트로는 모두 271개 역에 373km를 운행하고 있으며, 하루 승객수는 250만 명에 달합니다(2019년 기준).

혹시 모를 테러 위험을 방지하기 위해 개표구에 들어가기 전 반드시 보안검색을 거쳐야 합니다. 각 열차에는 여성전용칸이 마련되어 있으며, 역마다 여성 경찰(CISF)이 배치되어 남성의 여성전용칸 탑승을 철저히 막으며, 이를 어길 경우 Rs250의 벌금이 부과됩니다. 기본 요금은 Rs 10부터 시작하며, 교통카드를 이용하면 할인혜택을 받을 수 있습니다.

साइकिल 사-이낄 ⓕ 자전거

❶ **हैंडल (बार)** 핸덜 (바-르) 핸들

❷ **ब्रेक (लीवर)** 브레끄 (리-바르) 브레이크 레버

❸ **काठी** 까-티- ⓕ / **गद्दी** 갓디- ⓕ 안장

❹ **टायर** 따-야르 타이어

पहिया 빠히야- 바퀴

5 श्रृंखला 슈링클라- ⓕ 체인

6 पैडल 빼달 페달

7 गियर 기야르 기어(톱니바퀴)

관련 단어

- □ वाल्व स्टेम 왈-브 스뗌 공기 주입구
- □ ट्यूब 뜌-브 / नलिका 날리까- ⓕ 튜브
- □ एमटीबी साइकिल 엠띠-비- 사-이낄 ⓕ 산악자전거, MTB
- □ साइकिल लेन 사-이낄 렌 자전거 전용 도로

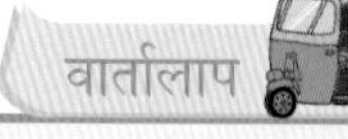

A: मेरी साइकिल का टायर पंचर हो गया । उसकी हवा निकल गई है ।

메리- 사-이낄 까- 따-야르 빤짜르 호 가야-. 우스끼- 하와- 니깔 가이- 해

내 자전거 타이어가 펑크났어. 바람이 빠졌네.

B: मरम्मत करवाने जाना होगा ।

마람마뜨 까르와-네 자-나- 호가-

그럼 수리하러 가봐야겠다.

बाइक 바-이끄 ⓕ 오토바이

❶ हैंडल (बार) 핸덜 (바-르) 핸들

❷ रियरव्यू मिरर 리야르뷰- 미라르 백미러

❸ काठी 까-티- ⓕ / गद्दी 갓디- ⓕ 안장

❹ हेडलाइट 헤드라-이뜨 ⓕ 헤드라이트

❺ टेललाइट 뗄 라-이뜨 ⓕ 미등

❻ पैडल 빼달 페달

❼ टायर 따-야르 타이어

❽ ब्रेक 브레끄 / गतिरोधक 가띠로닥^{h} 브레이크

□ हेलमेट 헬멧 헬멧

A: वाह ! क्या यह तुम्हारी नई बाइक है ?
와-흐, ! 꺄- 예헤 뚬하-리 나이- 바-이끄 해 ?
와, 이 오토바이 새로 산 거야?

B: हाँ, कल ही ख़रीदी ।
항-˜, 깔 히- 카리-디-
응. 바로 어제 샀어.

A: क्या मैं एक बार चला सकता/*सकती हूँ ?
꺄- 매˜ 에끄 바-르 짤라- 사끄따-/*사끄띠- 홍-˜ ?
나 한번 타보면 안 될까?

Unit 04

कार 까-르 ⓕ / मोटरगाड़ी 모따르가-리- ⓕ 자동차

❶ हेडलाइट 헤드라-이뜨 ⓕ 헤드라이트

❷ दिशा संकेतक 디샤- 상께딱 방향등

❸ टेललाइट 뗄 라-이뜨 ⓕ / पीछे की बत्ती 삐-체 끼- 밧띠- ⓕ 미등

❹ टायर 따-야르 타이어

❺ साइड मिरर 사-이드 미라르 사이드미러

❻ बोनट 보낫 ⓕ 보닛

❼ विंडस्क्रीन 빈드스끄린 앞유리

❽ वाइपर 와-이빠르 와이퍼

❾ नंबर प्लेट 남바르 쁠렛 번호판

❿ डिक्की 딕끼- ⓕ / ट्रंक 뜨랑끄 트렁크

⓫ रियरव्यू मिरर 리야르뷰- 미라르 백미러

❶ **हैंडल** 핸달 핸들, 운전대

❷ **भोंपू** 봉^h~뿌- / **हॉर्न** 허른 경적, 클랙슨

❸ **गियर लीवर** 기야르 리-바르 기어, 변속 손잡이

❹ **हैंड ब्रेक** 핸드 브레끄 사이드브레이크

❺ **ब्रेक (पैडल)** 브레끄 (빼달) 브레이크

❻ **एक्सिलरेटर (पैडल)** 엑씰레따르 (빼달) 가속 페달

❼ **डैशबोर्ड** 대시보르드 / **नियंत्रण-पट्ट** 니얀뜨란 빳뜨 계기판

❽ **ईंधन गेज** 인-단^h 게즈 연료 표시등

관련 단어

□ हैजर्ड लाइट 해자르드 라-이뜨 ⓕ /
आपातकालीन चेतावनी बत्ती
아-빠-뜨깔-린- 쩨따-우니- 밧띠- ⓕ 비상등

□ बैटरी 배뜨리- ⓕ / विद्युत कोष 비듀뜨 꼬슈 배터리

□ एयरबैग 에야르백 에어백

□ सुरक्षा पेटी 수락샤- 뻬띠- ⓕ /
सीट बेलट 시-뜨 벨뜨 ⓕ 안전벨트
कार में बैठते समय सीट बेलट बाँधना चाहिए ।
까-르 메~ 배트떼 사마에 씨-뜨 벨뜨 방-~드ʰ나- 짜-히에
차에 탈 때에는 안전벨트를 착용해야 합니다.

□ टायर पंचर हो जाना 따-야르 빤짜르 호 자-나-
(타이어가) 펑크 나다

□ इंजन तेल 인잔 뗄 엔진 오일

□ अवैध पार्किंग का चालान 아배드ʰ 빠-르낑 ⓕ 까- 짤-란-
주차위반 통고장

□ पेट्रोल पंप 뻬뜨롤 빰쁘 주유소

□ कार धुलाई 까-르 둘ʰ라-이- ⓕ 세차

□ ड्राइविंग लाइसेंस 드라-이빙 라-이쎈스 /
मोटरगाड़ी अनुज्ञापत्र 모따르가-리- ⓕ 아누갸-빠뜨러 면허증

वार्तालाप

A: **कृपया मेरी गाड़ी की जाँच करें ।**

끄리빠야- 메리- 가-리- 끼- 장-~쯔 까렝~

차 좀 점검해 주세요.

B: **क्या कोई समस्या है ?**

꺄- 꼬이- 사마쌰- 해 ?

어떤 문제가 있나요?

A: **जी, गियर बजलने में समस्या आ रही है । इंजन से अजीब आवाज़ भी निकल रही है ।**

지-, 기야르 바달르네 메~ 사마쌰- 아- 라히- 해. 인잔 쎄 아집- 아-와-즈 비^{h}- 니깔 라히- 해

기어 변속이 잘 안 되네요. 또 엔진에서 이상한 소리도 나요.

A: **यहाँ आसपास कोई सर्विस सेंटर है ?**

야항-~ 아-스빠-스 꼬이- 사르비스 센따르 해 ?

이 근처에 자동차 수리 센터가 있을까?

B: **क्यों ?**

꽁~ ?

왜요?

A: **अपनी कार के इंजन तेल बदलवाना है ।**

아쁘니- 까-르 께 인잔 뗄 바달와-나- 해

엔진 오일 좀 교환하려고.

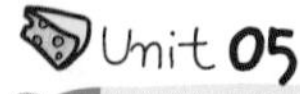

Unit 05

सड़क 사라끄 도로

❶ सिंगल लेन 씽걸 렌ⓕ 1차선

❷ डबल लेन 다벌 렌ⓕ 2차선

❸ तीन लेन 띤- 렌ⓕ 3차선

□ डिवाइडर 디와-이다르 가드레일

□ टोल प्लाजा 똘 쁠라-자- 톨게이트

□ भूमिगत 부h-미가뜨 지하도

□ ऊपरी मार्ग पुल 우-쁘리- 마-르그 뿔 / हवाई पुल 하와-이- 뿔 고가도로

□ **एकल दिशा मार्ग**

에깔 디샤- ⓕ 마-르그

일방통행로

□ **उबड़खाबड़ सड़क**

우바르카-바르 사라끄

비포장 도로

□ **गली** 갈리- ⓕ 골목

इसी गली के आख़िर में मेरा घर है ।

이씨- 갈리- 께 아-키르 메ˆ 메라- 가ʰ르 해

바로 이 골목 끝에 우리 집이 있어.

□ **चौराहा** 쪼우라-하

교차로, 사거리

□ **पैदल पार पथ** 빼달 빠-르 빠트

횡단보도

Unit 05 सड़क ▶▶▶

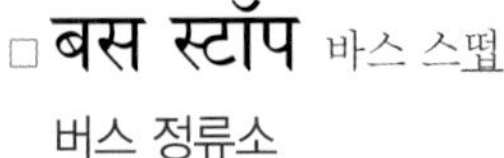

□ **बस स्टॉप** 바스 스떱
버스 정류소

□ **पार्किंग** 빠-르낑 ⓕ 주차장

□ **ट्रैफ़िक लाइट** 뜨래픽 라-잇 ⓕ /
यतायात बत्ती 야따-야-뜨 밧띠- ⓕ 신호등

ट्रैफ़िक लाइट हरा होने तक इंतज़ार करो ।
뜨래픽 라-잇 하라- 호네 딱 인뜨자-르 까로
신호등이 초록색으로 바뀔 때까지 기다려.

□ **पैदलपथ** 빼달빠트 /
फुटपाथ 푸뜨빠-트 인도, 보도

□ **सड़क संकेत**
사라끄 쌍께뜨 도로 표지

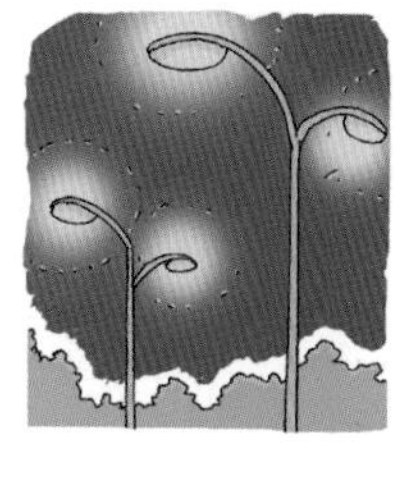

□ **सड़क बत्ती** 사라끄 밧띠- ⓕ 가로등

सड़क बत्ती ख़राब होने की वजह से आसपास अंधेरा है ।

사라끄 밧띠- 카랍- 호네 끼- 바제흐 쎄 아-스빠-스 안데ʰ라- 해

가로등이 고장 나서 주변이 어둡다.

관련 단어

□ **गाड़ी चलाना** 가-리- ⓕ 짤라-나 운전하다

□ **शहर का केंद्र** 셰헤르 까- 껜드러 시내 중심가

□ **मुख्य मार्ग** 무켜 마-르그 큰길

□ **उपमार्ग** 우쁘마-르그 우회 도로

□ **बाएँ मोड़** 바-엥~ 모르 좌회전

□ **दाएँ मोड़** 다-엥~ 모르 우회전

□ **सड़क दुर्घटना** 사라끄 두르가ʰ뜨나- ⓕ 교통사고

□ **ट्रैफ़िक जाम** 뜨래픽 잠- 교통체증

□ **निषेधाज्ञा** 니셰다ʰ-갸- 통행금지

□ **गति सीमा** 가띠 씨-마- ⓕ 제한 속도

□ **ख़तरा** 카뜨라- 위험

Unit 06

रेलगाड़ी 렐가-리- ⓕ 기차

□ **रेलवे स्टेशन** 렐베 스떼샨 기차역

रेलवे स्टेशन पर बहुत भीड़ लगी थी ।

렐베 스떼샨 빠르 바훗 비ʰ-르 라기- 티-

기차역은 많은 사람들로 북적대고 있었다.

□ **डिब्बा** 딥바- 객실

□ **सीट** 씨-뜨 ⓕ 좌석

संभव हो तो खिड़की वाली सीट दीजिए ।

삼바ʰ브 호 또 키르끼- 왈-리- 씨-뜨 디-지에

가능하면 창가 쪽 좌석으로 주세요.

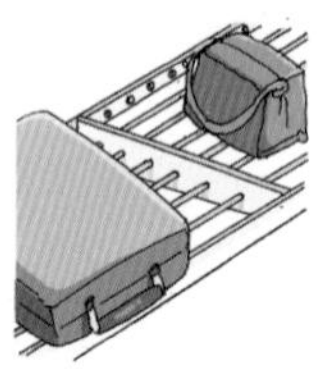

□ **अलमारी** 알마-리- ⓕ

수화물 선반

□ **स्लीपर कोच**

슬리-빠르 꼬쯔 침대차

रेलवे स्टेशन
렐베 스떼샨 기차역

□ **प्रतीक्षालय** 쁘라띡-샬-라에
대합실

□ **रेलवे समय सारणी**
렐베 사마에 사-르니- ⓕ 기차 시간표

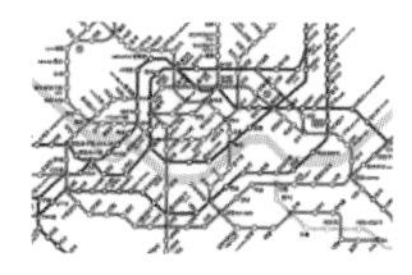

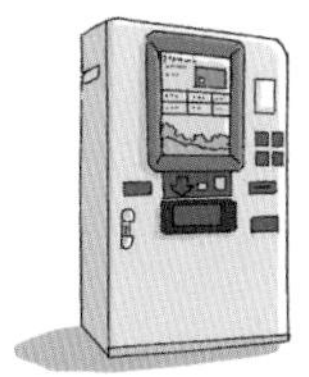

□ **रेलवे मानचित्र**
렐베 만-찌뜨러 노선도

□ **टिकट मशीन**
띠깟 마신- ⓕ 승차권 판매기

□ **प्रवेश** 쁘라베슈 입구

□ **टीटीई** 띠-띠-이- /
टिकट निरीक्षक 띠깟 니릭-샥 검표원

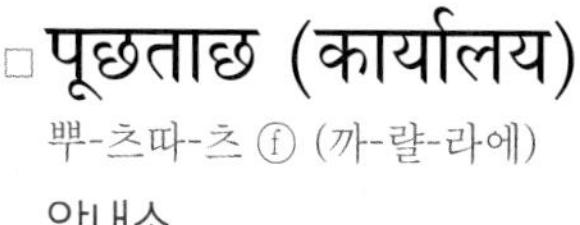

□ **पूछताछ (कार्यालय)**
뿌-츠따-츠 ⓕ (까-랼-라에)
안내소

Unit 06 रेलगाड़ी

관련 단어

- □ रेलमार्ग 렐마-르그 철도
- □ पटरी 빠뜨리- ⓕ 선로
- □ एक्सप्रेस 엑스쁘레스 급행열차
- □ रसोई (भंडार) यान 라소이- ⓕ (반^{h}다-르) 얀- 식당차
- □ टिकट खिड़की 띠깟 키르끼- ⓕ 승차권 판매소
- □ किराया 끼라-야- 교통비
- □ एकतरफ़ा टिकट 에끄따르파- 띠깟 편도 티켓
- □ वापसी टिकट 와-쁘씨- 띠깟 왕복 티켓
- □ टिकट गेट 띠깟 게뜨 개찰구
- □ कर्मीदल 까르미-달 열차 승무원
- □ स्टेशन मास्टर 스떼샨 마-스따르 역장
- □ खोया-पाया विभाग 코야-빠-야- 비바^h-그 분실물 센터
- □ शौचालय 쇼우짤-라에 화장실
- □ निकास 니까-스 출구
- □ टर्मिनल 따르미날 종착역
- □ (ट्रेन पर) चढ़ना (뜨렌 ⓕ 빠르) 짜르^{h}나- (열차를) 타다

□ (ट्रेन से) उतरना (뜨렌 ⓕ 쎄) 우따르나- (열차에서) 내리다

□ ट्रेन बदलना 뜨렌 ⓕ 바달르나- 열차를 갈아타다

□ स्टॉप छूट जाना 스땁 추-뜨 자-나- 내릴 역(정거장)을 놓치다

मेरा स्टॉप छूट गया ।

메라- 스땁 추-뜨 가야-

내릴 정거장을 지나쳐버렸어요.

□ ख़ाली 칼-리- 비어 있는

□ जाम 잠- 혼잡한

□ भीड़-भाड़ वाली ट्रेन 비ʰ-르 바ʰ-르 왈-리- 뜨렌 만원 열차

□ ऊँघना 웅-~그ʰ나- 졸다

□ मितली 미뜰리- ⓕ 차멀미

□ पहली ट्रेन 뻬흘리- 뜨렌 ⓕ 첫차

□ अंतिम ट्रेन 안띰 뜨렌 ⓕ 막차

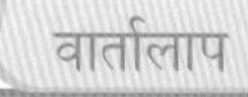

A: रेलवे समय सारणी देखें ।

렐베 사마에 사-르니- 데켕~

우리 기차 시간표 좀 보자.

B: मैं सूचना खिड़की जाकर पूछूँगा/*पूछूँगी ।

매~ 수-쯔나- 키르끼- 자-까르 뿌-충-~가/*뿌-충-~기-

내가 안내소에 가서 물어볼게.

बंदरगाह 반다르가-ㅎ ⓕ 항구

❶ लंगर 랑가르 닻

❷ रेडार 레다-르 레이더

❸ गलही 갈히- ⓕ 뱃머리

❹ डेक 데끄 갑판

❺ केबिन 께빈 선실

❻ हल 할 선체

❼ स्टर्न 스따른 고물, 선미

❽ (यात्री) पोत (야-뜨리-) 뽀뜨 여객선

❾ गोदी 고디- ⓕ 부두

⑩ **प्रकाशस्तंभ** 쁘라까-시스땀브h 등대

⑪ **तरंगरोध** 따랑그로드h 방파제

⑫ **माल** 말- 화물

⑬ **समुद्र** 사무드러 / **सागर** 사-가르 바다

□ **नाव** 나-우 ⓕ / **नौका** 노우까- ⓕ (작은) 배

□ **जलयान** 잘얀- / **जहाज़** 자하-즈 선박, 배

□ **पतवार** 빠뜨와-르 ⓕ 노

□ **जीवनरक्षक नौका** 지-반락샤끄 노우까- ⓕ / **लाइफ़ बोट** 라-이프 보뜨 ⓕ 구명보트

□ **नोदक** 노닥 프로펠러

관련 단어

□ **लंगर की जंजीर** 랑가르 끼- 잔지-르 ⓕ 닻줄

□ **इंजन रूम** 인잔 룸- 기관실

□ **अरित्र** 아리뜨러 키, 방향키

□ **क्रूज़** 끄루-즈 유람선

□ **मछियारी नौका** 마치야-리- 노우까- ⓕ 어선

□ **मालवाहक जहाज़** 말-와-학 자하-즈 화물선

Unit 08

हवाई जहाज़ 하와-이 자하-즈 비행기

① कॉकपिट 꺽삐뜨 / चालक कक्ष 짤-라끄 깍슈 조종실

② कक्ष 깍슈 객실

③ पंख 빵크 날개

④ इंजन 인잔 엔진

□ टॉयलेट 떠엘레뜨 화장실

□ ख़ाली 칼-리- 비어 있음

□ व्यस्त 뱌-스뜨 사용 중

□ पायलट 빠-엘랏 조종사

□ केबिन कर्मीदल 께빈 까르미-달 승무원

관련 단어

□ आपातकालीन निकास 아-빠-뜨깔-린- 니까-스 비상구
□ गलियारा 갈리야-라- 통로
□ उड़ान करना 우란- 까르나- 이륙하다
□ अवतरण करना 아브따란 까르나- 착륙하다
□ गंतव्य स्थान 간따벼 스탄- 목적지
□ ऊँचाई 웅-~짜-이- ⓕ 고도
□ समय अंतराल 사마에 안뜨랄- 시차
□ प्रथम श्रेणी 쁘라탐 슈레니- ⓕ 일등석, 퍼스트클래스
□ बिजनेस श्रेणी 비즈네스 슈레니- ⓕ 비즈니스석
□ इकोनॉमी श्रेणी 이꼬너미- 슈레니- ⓕ 일반석, 이코노미석

Unit 08 हवाई जहाज़ ▶▶▶

हवाई अड्डा 하와-이 앗다 공항

□ यात्री विमान 야-뜨리- 비만-
여객기

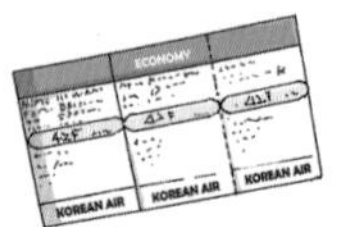

□ बोर्डिंग पास
보딩 빠-스 탑승권

□ पासपोर्ट 빠-스뽀르뜨 여권

□ कार्ट 까-르뜨 카트

□ चेक-इन काउंटर
쩨끄 인 까-운따르 탑승 수속 카운터

□ बोर्डिंग गेट 보르딩 게뜨 /
प्रवेश द्वार 쁘라베슈 드와-르 탑승구

□ प्रतीक्षालय 쁘라띡-샬-라에 대합실

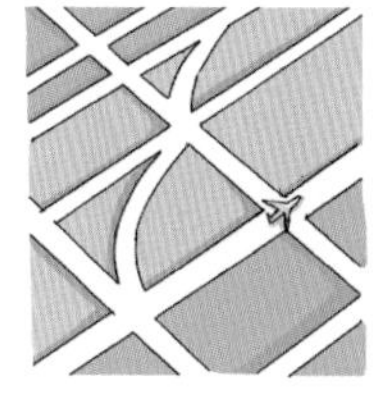

□ उड़ानपट्टी
우란-빳띠-- ⓕ 활주로

□ नियंत्रण टावर
니얀뜨란 따-바르 관제탑

□ सामान हिंडोला
사-만- 힌돌라- 수화물 컨베이어

관련 단어

□ हाथ का सामान 하-트 까- 사-만- 기내 휴대 수화물

□ पंजीकृत सामान 빤지-끄릳뜨 사-만- 위탁 수화물

□ प्रतिबंधित मद 쁘라띠반디ʰ뜨 마드 반입금지 물품

□ सामान सेवा केंद्र 사-만- 쎄와- 껜드러 수화물 취급소

□ निरीक्षण 니릭-샨- 검사

□ धातु संसूचक 다ʰ-뚜 산수-짜끄 금속 탐지기

□ आप्रवास पटल 아-쁘라와-스 빠딸 출입국 심사대

1 인간 2 가정 3 수 4 도시 5 교통 6 업무 7 경제, 사회 8 쇼핑 9 스포츠, 취미 10 자연

- □ सीमा शुल्क 씨-마- ⓕ 슐끄 세관
- □ संगरोध 상그로드h / क्वारंटीन 끄와-란띤- 검역
- □ घरेलू उड़ान 가h렐루- 우란- 국내선
- □ अंतर्राष्ट्रीय उड़ान 안따르라-슈뜨리-에 우란- 국제선
- □ शुल्क मुक्त दुकान 슐끄 묵뜨 두깐- ⓕ 면세점
- □ वीज़ा 비-자- 비자, 사증
- □ उड़ान संख्या 우란- 상캬- ⓕ 항공편 번호
- □ पहुँचना 빠훙~쯔나- 도착하다
- □ सूचना 수-쯔나- ⓕ 안내
- □ आरक्षण काउंटर 아-락샨 까-운따르 예약 카운터

A: माफ़ करें, मैं अपनी सीट नहीं पा रहा/*रही हूँ ।
마-프 까렝~, 메~ 아쁘니- 씨-뜨 나힝-~ 빠- 라하-/*라히- 홍-~
실례합니다. 제 좌석을 찾을 수가 없네요.

B: अपना बोर्डिंग पास दिखाइएगा ।
아쁘나- 보르딩 빠-스 디카-이에가-
탑승권을 보여주시겠습니까?

गलियारे की छठी सीट है ।
갈리야-레 끼- 차티- 씨-뜨 해
통로 쪽 여섯 번째 좌석입니다.

복습문제 अभ्यास

1 다음 그림을 단어와 연결시키세요.

•	•	•	•	•
• ट्रक	• बाइक	• हवाई जहाज़	• जलयान / जहाज़	• रेलगाड़ी / ट्रेन

2 다음 단어의 뜻을 써보세요.

a) ब्रेक (लीवर) ______________ श्रृंखला ______________

साइकिल ______________ काठी/ गद्दी ______________

b) हैंडल (बार) ______________ टायर ______________

हेलमेट ______________ पैडल ______________

c) ड्राइविंग लाइसेंस/ मोटरगाड़ी अनुज्ञापत्र ______________

वाइपर ______________ हैंडल ______________

भोंपू / हॉर्न ______________

d) गली ______________ भूमिगत ______________

ख़तरा ______________ चौराहा______________

पार्किंग ______________

3 다음 보기에서 단어를 골라 빈칸에 써넣어 보세요.

a) किराया एक्सप्रेस टर्मिनल रेलमार्ग रेलवे समय सारणी

b) लंगर गोदी हल डेक माल

a) 교통비 ____________ 철도 ____________ 종착역 ____________

기차 시간표 ____________ 급행열차 ____________

b) 화물 ____________ 부두 ____________ 선체 ____________

갑판 ____________ 닻 ____________

4 다음 단어의 뜻을 써보세요.

आपातकालीन निकास ____________ बोर्डिंग पास ____________

उड़ानपट्टी ____________ सीमा शुल्क ____________

टॉयलेट ____________ अवतरण करना ____________

5 다음 빈칸에 알맞은 힌디어를 써넣어 보세요.

a) 이 근처에 주차장이 있습니까?

यहाँ आसपास कोई ________ है ?

b) 면세점에 가볼까? चलो, ____________ चलें !

c) 어디에서 버스를 갈아타야 할까요? मुझे ______ कहाँ बदलनी होगी ?

1 기차 – रेलगाड़ी/ ट्रेन 비행기 – हवाई जहाज़
트럭 – ट्रक 배 – जलयान/ जहाज़ 오토바이 – बाइक

2 a) 브레이크 레버 체인 자전거 안장
b) 핸들 타이어 헬멧 페달
c) 면허증 와이퍼 핸들 클랙슨
d) 골목 지하도 위험 교차로 주차장

3 a) किराया रेलमार्ग टर्मिनल रेलवे समय सारणी एक्सप्रेस
b) माल गोदी हल डेक लंगर

4 비상구 탑승권 활주로 세관 화장실 착륙하다

5 a) पार्किंग b) शुल्क मुक्त दुकान c) बस

THEMATIC HINDI WORDS

Theme 6

कार्य 까-려 업무

व्यवसाय 뱌브사-에 직업

□ उड़ान परिचर 우란- 빠리짜르
승무원

□ पुलिस 뿔리스 ⓕ 경찰관

□ खिलाड़ी 킬라-리- 운동선수

□ डॉक्टर 덕따르 의사

□ बेकर 베까르 /
नानबाई 난-바-이- 제빵사

□ रसोइया 라소이야- 요리사
क्या रसोइया अपने घर में भी अच्छा खाना बनाता है ?
꺄- 라소이야- 아쁘네 가ʰ르 메ˇ 비ʰ- 앗차- 카-나- 바나-따- 해?
요리사들은 집에서도 요리를 잘 할까요?

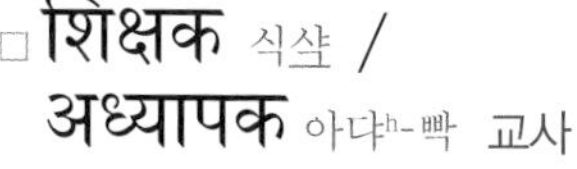

□ शिक्षक 식샥 /
अध्यापक 아다^{h}-빡 교사

□ शिक्षिका 식시까- ⓕ /
अध्यापिका 아다^{h}-삐까- ⓕ 여교사

□ प्रोफ़ेसर 쁘로페사르 교수

□ वकील 바낄- 변호사

□ टैक्सी चालक
땍씨- ⓕ 짤-락 택시 기사

□ सैनिक 쌔닉 군인

□ गायक 가-약 가수
गायिका 가-이까- ⓕ 여가수

□ ख्यातिप्राप्त व्यक्ति
캬-띠쁘랍-뜨 박띠 연예인; 유명인

□ टी.वी. अभिनेता
띠-.비-. 아비ʰ네따- 탤런트

□ टी.वी. अभिनेत्री
띠-.비-. 아비ʰ네뜨리- ⓕ 여성 탤런트

□ अभिनेता 아비ʰ네따- 배우

□ अभिनेत्री 아비ʰ네뜨리- ⓕ
여배우

□ फ़िल्म निर्देशक
필름 니르데샥 영화감독

□ दुभाषिया 두바ʰ-시야- 통역사
दुभाषिया एक सुंदर नवयुवती थी ।
두바ʰ-시야- 에끄 순다르 나브유브띠- 티-
통역사는 젊고 예쁜 여자였다.

□ माली 말-리- 원예사

□ मालिन 말-린 ⓕ 여성 원예사

□ किसान 끼산- 농부
मेरे पिता जी एक किसान हैं ।
메레 삐따- 지- 에끄 끼산- 행~
우리 아버지는 농부야.

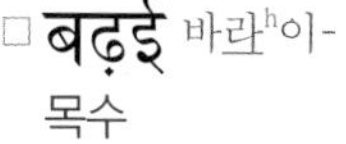

□ बढ़ई 바라^{h}이-
목수

□ डाकिया 다-끼야-
우편집배원

□ कंपनी कर्मचारी
깜쁘니- ⓕ 까름짜-리-
회사원

관련 단어

□ सरकारी अधिकारी 사르까-리- 아디^{h}까-리- 공무원

□ गृहिणी 그리히니- ⓕ 가정주부

□ लेखाधिकारी 레카-디^{h}까-리- 회계사

□ पत्रकार 빠뜨러까-르 언론인

□ कलाकार 깔라-까-르 예술가

□ संगीतकार 상기-뜨까-르 음악가

□ धोबी 도^{h}비- 세탁부

□ नाई 나-이- 이발사

□ दर्जी 다르지- 재봉사

पद 빠드 직위

□ अध्यक्ष 아댝^{h}슈 회장; 사장

□ सचिव 사찌브 비서

□ बॉस 버스 상사

□ सहकर्मी 세흐까르미- 동료

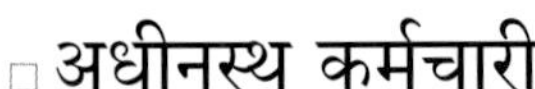

□ अधीनस्थ कर्मचारी

아딘^{h}-스트 까름짜-리- 부하 직원

□ साक्षात्कार 삭-샤-뜨까-르 면접

□ साक्षात्कारकर्ता 삭-샤-뜨까-르까르따- 면접관

□ उम्मीदवार 움미-드와-르

면접 보는 사람, 지원자, 후보자

मैंने धैर्य के साथ साक्षात्कारकर्ता के प्रश्नों का उत्तर दिया ।

매~네 대^{h}려 께 사-트 삭-샤-뜨까-르까르따- 께 쁘라슈농~ 까- 웃따르 디야-.

나는 면접관의 질문에 침착하게 대답했다.

관련 단어

- □ कॉर्पोरेट मुख्यालय 꺼르뽀렛 무캬-라에 본사
- □ शाखा 샤-카- ⓕ 지사
- □ निदेशक मंडल 니데샥 만달 이사회
- □ उपाध्यक्ष 우빠-댝ʰ슈 부회장; 부사장
- □ मुख्य कार्यकारी अधिकारी 무켜 까-랴까-리- 아디ʰ까-리 / सीईओ 씨-이-오 CEO
- □ कार्यकारी निदेशक 까-랴까-리- 니데샥 전무
- □ निदेशक 니데샥 상무
- □ टीम लीडर 띰- 리-다르 팀장
- □ विभाग प्रमुख 비바ʰ-그 쁘라무크 부장; 과장
- □ मैनेजर 매네자르 관리자, 책임자
- □ कर्मचारी 까름짜-리- 직원
- □ नया कर्मचारी 나야- 까름짜-리- 신입 직원

1 인간
2 가정
3 수
4 도시
5 교통
6 업무
7 경제, 사회
8 쇼핑
9 스포츠, 취미
10 자연

काम 깜- 일

□ **तरक़्क़ी** 따릌끼- ⓕ 승진

□ **सेवानिवृत्ति** 세와-니브릿띠 ⓕ 퇴직

□ **व्यापारिक यात्रा**
뱌-빠-릭 야-뜨라 ⓕ 출장
वह व्यापारिक यात्रा पर भारत जाता है ।
베헤 뱌-빠-릭 야-뜨라- 빠르 바ʰ-라뜨 자-따- 해
그는 인도로 출장을 간다.

□ **बैठक** 배탁 ⓕ / **मीटिंग** 미-띵 ⓕ 회의

□ **छुट्टी** 춧띠- ⓕ 휴가

□ **पेंशन** 뻰샨 ⓕ / **निवृत्ति वेतन** 니브릿띠 베딴 연금
मेरे पिता जी सेवानिवृत्त होकर पेंशन पा रहे हैं ।
메레 삐따- 지- 세와-니브릿뜨 호까르 뻰샨 빠- 라헤 행~
아버지께서는 퇴직 후 연금을 받으신다.

관련 단어

- □ वेतन 베딴 임금, 월급
- □ बोनस 보나스 / अधिलाभ 아디^{h}라-브^h 보너스
- □ प्रोत्साहन 쁘롯사-한 인센티브
- □ समझौता करना 삼조^{h}우따- 까르나- 협상하다
- □ (व्यक्तिगत) बायोडाटा (뱍띠가뜨) 바-요다-따- / सीवी 씨-비- 이력서
- □ नियोजित करना 니요지뜨 까르나- 채용하다
- □ नौकरी मिलना 노우끄리- ⓕ 밀르나- 취직하다
- □ काम पर जाना 깜- 빠르 자-나- 출근하다
- □ कार्यरत 까-랴라뜨 근무하는, 재직하는
- □ समयोपरि कार्य 사므요빠리 까-랴 초과 근무
- □ समयोपरि भत्ता 사므요빠리 밧^{h}따- 시간외 수당
- □ कार्यावधि 까-랴-바디^h ⓕ 근무 시간
- □ स्थायी नौकरी 스타-이- 노우끄리- ⓕ 정규직
- □ अस्थायी नौकरी 아스타-이- 노우끄리- ⓕ 임시직, 자유직
- □ फ़्रीलांसर 프리-란사르 프리랜서, 자유직 종사자

दफ़्तर 다프따르 / कार्यालय 까-랼-라에 사무실

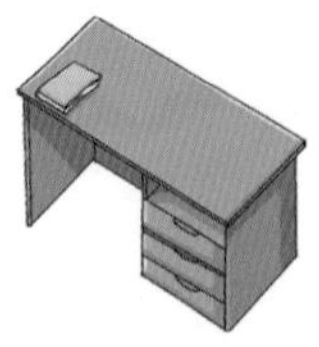

□ (कार्यालय) मेज़

(까-랼-라에) 메즈 ⓕ 사무용 책상

(कार्यालय) मेज़ के लिए क्या अच्छा है ?

(까-랼-라에) 메즈 께 리에 꺄- 앗차- 해 ?

사무용 책상은 어떤 제품이 좋습니까?

□ फ़ोटोस्टेट मशीन

포또스떼뜨 마신- ⓕ 복사기

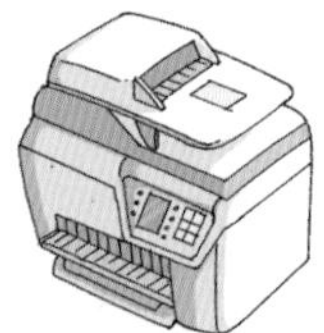

□ फ़ैक्स मशीन 팩스 마신- ⓕ

팩시밀리

□ फ़ोन 폰 전화기

□ मोबाइल फ़ोन 모바-일 폰 휴대폰

वाह ! यह एकदम नया मोबाइल फ़ोन है ।

와- ! 예헤 에끄담 나야- 모바-일 폰 해

와, 이거 정말 최신형 휴대폰이구나!

□ **कैलेंडर** 깰렌다르 /
पंचांग 빤짱그 달력

मुझे कैलेंडर का पृष्ठ फिर बदलना होगा ।
무제ʰ 깰렌다르 까- 쁘리슈트 피르 바달르나- 호가-
달력을 또 한 장 넘겨야겠네.

□ **फ़्रेम** 프렘 액자

□ **ड्राइंग पिन** 드라-잉 삔 ⓕ 압정

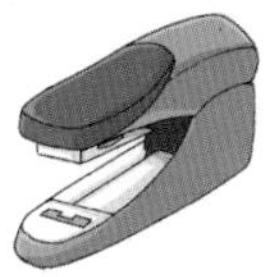

□ **स्टेपलर** 스떼쁠라르 스테이플러

कृपया इन पन्नों को एक साथ मिलाकर स्टेपल कर दीजिए ।
끄리빠야- 인 빤농ˉ 꼬 에끄 사-트 밀라-까르 스떼쁠 까르 디-지에
이 서류들을 모아 스테이플러로 찍어주세요.

□ **परिकलक**
빠리깔락 계산기

Unit 04 दफ़्तर / कार्यालय ▶▶▶

관련 단어

- □ **मार्कर पेन** 마-르까르 뻰 매직펜
- □ **बॉलपेन** 볼뻰 볼펜
- □ **फाउंटेन पेन** 파-운뗀 뻰 만년필
- □ **सुधार द्रव** 수다^h-르 드라우 수정액
- □ **स्टिकी नोट** 스띠끼- 노뜨 포스트 잇, 메모 용지
- □ **(कागज़) क्लिप** (까-가즈) 끌립 클립

A: **क्या हुआ ?**
꺄- 후아-
무슨 일이야?

B: **हमारे विभाग की फ़ोटोस्टेट मशीन फिर ख़राब हो गई ।**
하마-레 비바^h-그 끼- 포또스떼뜨 마신- 피르 카랍- 호 가이-
우리 부서 복사기가 또 고장 났어.

A: **तुम्हें कितनी प्रतियों को कॉपी करना चाहिए ?**
뚬헹~ 뜨니- 쁘라띠용~ 꼬 꺼삐- 까르나- 짜-히에
몇 장을 복사해야 하는데?

B: **चालीस । क्या मैं यहाँ की मशीन का इस्तेमाल कर सकूँ ?**
짤-리-스. 꺄- 매~ 야항-~ 끼- 마신- 까- 이스떼말- 까르 사꿍-~ ?
40장. 여기 복사기 좀 사용해도 될까?

Unit 05

कंप्यूटर 깜쀼-따르 컴퓨터

❶ मॉनिटर 머니따르 모니터

❷ कीबोर्ड 끼보르드 / कुंजीपटल 꾼지-빠딸 키보드

❸ माउस 마-우스 마우스

❹ मदरबोर्ड 마다르보르드 마더보드

❺ सेंट्रल प्रोसेसिंग यूनिट 센뜨랄 쁘로세씽 유낫 /
सीपीयू 씨삐유- 중앙 처리 장치, CPU

❻ हार्ड डिस्क ड्राइव 하-르드 디스끄 드라-이브 하드디스크

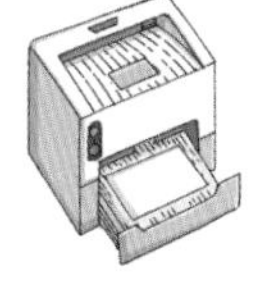

□ प्रिंटर 쁘린따르 /
मुद्रक 무드라끄 프린터

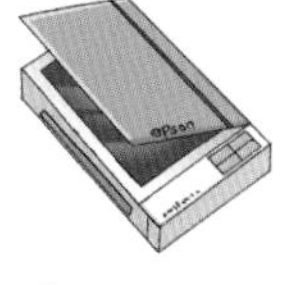

□ स्कैनर 스깨나르
스캐너

□ लैपटॉप 랩떱
노트북 컴퓨터

관련 단어

- □ कर्सर 까르사르 커서
- □ आइकॉन 아-이껀 아이콘
- □ चटकारना 짜뜨까-르나- 클릭하다
- □ बैकअप लेना 백압 레나- 백업하다
- □ स्वविन्यास 스와비냐-스 자동 정렬
- □ बूट करना 부-뜨 까르나- 부팅하다
- □ आरंभीकरण 아-름비h-까란 초기화
- □ सहेजना 사헤즈나- 저장하다
- □ रीसायकल बिन 리-사-에끌 빈 휴지통
- □ संवर्धन 상바르단h 업그레이드
- □ शब्द संसाधक 샤브드 산사-닥h 워드프로세서

इंटरनेट 인따르넷 인터넷

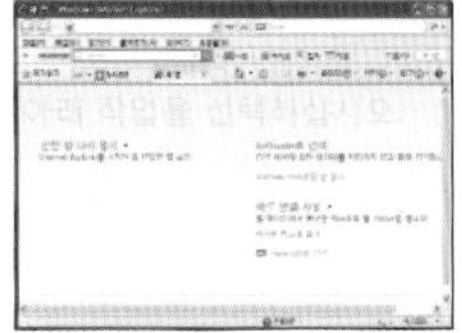

□ **इंटरनेट ब्राउज़र**
인따르넷 브라-우자르
인터넷 브라우저

□ **वेबसाइट** 벱사-이뜨 ⓕ
웹사이트

□ **होमपेज** 홈뻬즈 홈페이지
हमारी कंपनी के होमपेज पर आपको जानकारी मिलेगी ।
하마-리- 깜쁘니- 께 홈뻬즈 빠르 압-꼬 잔-까-리- 밀레기-
저희 회사 홈페이지에서 당신은 정보를 얻으실 것입니다.

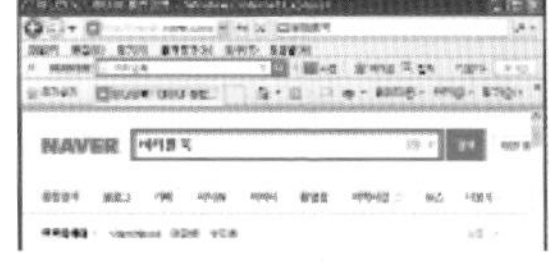

□ **जानकारी की खोज**
잔까-리- ⓕ 끼- 코즈 ⓕ
정보 검색

□ **डाउनलोड करना**
다운로드 까르나- 다운로드하다

1 인간 2 가정 3 수 4 도시 5 교통 6 업무 7 경제, 사회 8 쇼핑 9 스포츠, 취미 10 자연

□ **बैनर विज्ञापन**

배나르 비갸-빤

배너, 띠 모양의 광고

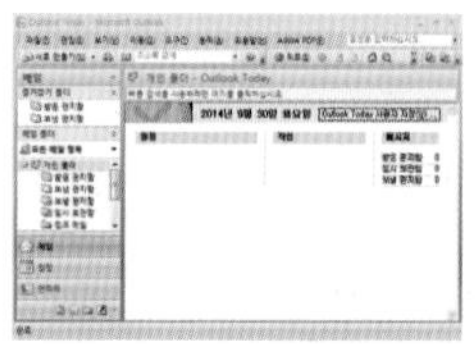

□ **ईमेल** 이-멜 이메일

मैं अभी ईमेल भेजता/*भेजती हूँ ।

매~ 아비h- 이-멜 베h즈따-/*베h즈띠- 훙-~

내가 지금 이메일로 보낼게.

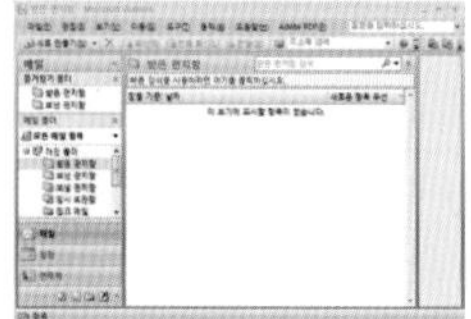

□ **इनबॉक्स** 인벅스

받은 편지함

सेंट आइटम्स

쎈뜨 아-이땀스 보낸 편지함

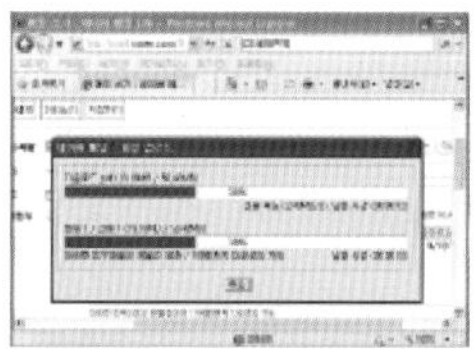

□ **संलग्न** 상라근 첨부

संलग्न फाइल की जाँच करके फिर मुझे फोन कीजिए ।

상라근 파-일 끼 장-~쯔 까르께 피르 무제h 폰 끼-지에

첨부 파일을 보시고 다시 연락 주세요.

굴림체
견고딕
궁서체
명조체

□ **फॉण्ट** 펀뜨 / **मुद्रलिपि**

무드러리삐 ⓕ 글꼴

□ **इंटरनेट की लत**

인따르넷 끼- 라뜨 ⓕ 인터넷 중독

관련 단어

- □ ऑनलाइन 언라-인 온라인
- □ ब्लॉग 블러그 블로그
- □ डोमेन 도멘 도메인 (주소)
- □ इंटरनेट पोर्टल साइट 인따르넷 뽀르딸 사-이뜨 인터넷 포털 사이트
- □ कुकीज़ 꾸끼-즈 / अस्थायी इंटरनेट फ़ाइल 아스타-이- 인따르넷 파-일 ⓕ 쿠키 (인터넷 임시 저장 파일)
- □ इंटरनेट पर खोजना 인따르넷 빠르 코즈나- 인터넷 검색을 하다
- □ सामान्य प्रश्न 사-마-냐 쁘라슌 자주 묻는 질문, FAQ
- □ भंजक 반ʰ자끄 / हैकर 해까르 해커

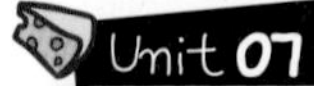

संवाद 상와-드 의사소통

□ अभिवादन करना

아비ʰ와-단 까르나- 인사하다

□ बातचीत करना

바-뜨찌-뜨 ⓕ 까르나- 대화하다

□ परस्पर समझना

빠라스빠르 사마즈ʰ나-

(사상 · 감정이) 서로 통하다

□ प्रेम को प्रकट करना

쁘렘 꼬 쁘라까뜨 까르나-

사랑을 고백하다

□ लड़ाई-झगड़ा करना

라라-이- 자ʰ그라- 까르나-

말다툼하다

□ माफ़ी माँगना

마-피- 망-~그나- 사과하다

관련 단어

- □ लहजा 레흐자- 말투, 말씨
- □ बोली 볼리- ⓕ 사투리
- □ इशारा 이샤-라- 제스처
- □ अभिवृत्ति 아비h브릿띠 ⓕ 태도
- □ विषय 비샤에 화제, 주제
- □ मत 마뜨 / विचार 비짜-르 의견
- □ मतभेद 마뜨베h드 의견차이
- □ सहमति देना 세흐마띠 ⓕ 데나- 찬성하다, 동의하다
- □ विरोध करना 비로드h 까르나 반대하다
- □ अनुवाद करना 아누와-드 까르나- 번역하다
- □ आमंत्रण 아-만뜨란 / निमंत्रण 니만뜨란 초대
- □ सभा 사바h- 모임
- □ संबंध 삼반드h / रिश्ता 리슈따- 관계
- □ परिचय करना 빠리짜에 까르나- 소개하다

복습문제 अभ्यास

1 다음 단어를 힌디어 또는 우리말로 바꾸세요.

गायक　　किसान　　अभिनेता　　प्रोफ़ेसर　　रसोइया

2 다음 단어를 힌디어 혹은 우리말로 고쳐 보세요.

a) अध्यक्ष ______________ सचिव ______________

신입 직원 ______________ साक्षात्कारकर्ता ______________

कर्मचारी ______________

b) काम पर जाना ______________ 월급 ______________

보너스 ______________ कार्यरत ______________

3 다음 보기에서 단어를 골라 빈칸에 써넣어 보세요.

a) सुधार द्रव　फ़ोटोस्टेट मशीन　बॉलपेन　परिकलक
स्टेपलर

b) सहेजना　माउस　चटकारना　कर्सर
मॉनिटर/ प्रदर्शक

a) 스테이플러 ______________ 수정액 ______________ 복사기 ______________

계산기 ______________ 볼펜 ______________

b) 클릭하다 __________ 저장하다 __________ 모니터 __________

마우스 __________ 커서 __________

4 다음 단어를 힌디어 혹은 우리말로 고쳐 보세요.

a) 배너 __________ डोमेन __________

온라인 __________ होमपेज __________

이메일 __________

b) 사투리 __________ आमंत्रण/ निमंत्रण __________

बातचीत करना __________ मत/ विचार __________

माफ़ी माँगना __________

5 다음 빈칸에 알맞은 힌디어를 써넣어 보세요.

a) 오늘 구직 면접이 있다.

आज नौकरी का __________ है ।

b) 내 컴퓨터는 가끔 다운된다.

मेरा __________ कभी-कभी अचानक बंद हो जाता है ।

c) 이거 한 장만 복사해줘요.

यह एक प्रति __________ कर दीजिए ।

d) 이메일로 이력서를 보내주세요.

______ पर आपका __________ भेजें ।

정답

1 요리사 – रसोइया 가수 – गायक 농부 – किसान
교수 – प्रोफ़ेसर 배우 – अभिनेता

2 a) 회장 비서 नया कर्मचारी 면접관 직원
b) 출근하다 वेतन बोनस/ अधिलाभ 근무하는

3 a) स्टेपलर सुधार द्रव फ़ोटोस्टेट मशीन परिकलक बॉलपेन
b) चटकारना सहेजना मॉनिटर माउस कर्सर

4 a) बैनर विज्ञापन 도메인 ऑनलाइन होमपेज ईमेल
b) बोली 초대 대화하다 의견 사과하다

5 a) साक्षात्कार b) कंप्यूटर c) फ़ोटोस्टेट d) ईमेल (व्यक्तिगत) बायोडाटा

Theme 7

→ अर्थव्यवस्था 아르트뱌바스타- ⓕ 경제, समाज 사마-즈 사회

Unit 01 अर्थव्यवस्था एवं प्रबंधन 경제, 경영

Unit 02 वित्त 금융

Unit 03 व्यापार 무역

Unit 04 समाज 사회

Unit 05 व्यवसाय 비즈니스

अर्थव्यवस्था एवं प्रबंधन

아르트뱌바스타- ⓕ 에방~ 쁘라반단^h **경제, 경영**

□ **उद्यम** 우댬 기업

उस उद्यम ने मंदी में भी लाभ अधिशेष हासिल किया है ।

우스 우댬 네 만디- 메~ 비^h- 라-브^h 아디^{h}셰슈 하-씰 끼야- 해

그 기업은 불황에도 흑자를 냈다.

□ **स्टॉक** 스떡 / **शेयर** 셰야르 주식

मेरा स्टॉक बढ़ गया है ।

메라- 스떡 바르^h 가야- 해

내가 가지고 있는 주식이 상승했다.

□ **तेज़ वृद्धि** 떼즈 브릳디^h ⓕ

급등

□ **तेज़ गिरावट**

떼즈 기라-바뜨 ⓕ 급락

□ **गिरावट** 기라-바뜨 ⓕ 감소, 쇠퇴

□ **गिरना** 기르나- 감소하다

यह चिंता का विषय है कि जन्म दर में निरंतर गिरावट हो रही है ।

예헤 찐따- 까- 비샤에 해 끼 잔므 다르 메~ 니란따르 기라-바뜨 호 라히 해

출산율이 계속 감소해서 걱정이야.

□ **उत्पादक** 우뜨빠-닥 생산자

□ **उत्पादन करना**

우뜨빠-단 까르나- 생산하다

जो उद्यम कारों का उत्पादन करता है, वह साइकिलों का भी ।

조 우댬 까-롱~ 까- 우뜨빠-단 까르따- 해, 베헤 사-이낄롱~ 까- 비^h-.

자동차를 생산하는 기업이 자전거도 만든다.

□ **उपभोक्ता** 우쁘보^{h}끄따- 소비자

□ **उपभेग** 우쁘보^{h}그 소비

□ **उपभेग करना** 우쁘보^{h}그 까르나- 소비하다

□ **दिवाला** 디왈-라- /

दिवालियापन 디왈-리야-빤 파산

मंदी से दिवालियापन के लिए याचिका दायर की है ।

만디- 쎄 디왈-리야-빤 께 리에 야-찌까- 다-에르 끼- 해

불황으로 파산을 신청했다.

관련 단어

- □ प्रवृत्ति 쁘라브릳띠 ⓕ / झुकाव 주h까-우 경향, 트렌드
- □ आपूर्ति 아-뿌-르띠 ⓕ / पूर्ति 뿌-르띠 ⓕ 공급
- □ क्रय 끄라에 구입, 구매
- □ बिक्री 비끄리- ⓕ / विक्रय 비끄라에 판매, 매각
- □ लाभ 라-브h / फ़ायदा 파-에다- 수익, 이득
- □ पूँजी 뿡-~지- ⓕ 자본
- □ संपत्ति 삼빳띠 ⓕ 자산
- □ उद्योग 우됴그 산업
- □ अचल संपत्ति 아짤 삼빳띠 ⓕ 부동산
- □ माल 말- / उत्पाद 우뜨빠-드 상품
- □ कर 까르 세금
- □ करों की वृद्धि 까롱~ ⓕ 끼- 브릳디h ⓕ 증세
- □ बाज़ार 바-자-르 시장
- □ बेरोज़गारी दर 베로즈가-리- ⓕ 다르 ⓕ 실업률
- □ मुद्रा स्फीति 무드라- 스피-띠 ⓕ 인플레이션, 물가상승
- □ उपभोक्ता मूल्य सूचकांक
  우쁘보h끄따- 물-려 수-쯔깡-끄 소비자 물가지수(CPI)

□ आर्थिक शिथिलता 아-르틱 시틸따- ⓕ 경기후퇴, 경기침체

□ मंदी 만디- ⓕ 불황, 불경기

□ मूल्यह्रास 물-려흐라-스 가치 하락

□ आर्थिक उछाल 아-르틱 우찰- ⓕ 호황

□ अधिशेष 아디ʰ셰슈 흑자

□ घाटा 가ʰ-따- 적자

□ एकाधिकार 에까-디ʰ까-르 독점

□ विलय और अधिग्रहण 빌라에 오우르 아디ʰ그라한
인수합병(M&A)

□ पूर्वेक्षण 뿌-르웩샨 전망

□ सूचकांक 수-쯔깡-끄 지수

□ सांख्यिकी 상-켜이끼- ⓕ 통계

□ प्रत्यक्ष विदेशी निवेश 쁘라땩슈 비데시- 니베슈
해외 직접투자(FDI)

1 인간
2 가정
3 수
4 도시
5 교통
6 업무
7 경제, 사회
8 쇼핑
9 스포츠, 취미
10 자연

Unit 02

वित्त 빗뜨 금융

□ **मुख्य बैंक** 무켜 뱅끄
주거래은행

□ **जाली नोट** 잘-리- 노뜨
위조지폐

□ **शेष राशि** 셰슈 라-시- ⓕ / **रक़म** 라깜 ⓕ 잔액, 잔고

मेरी बचत की मौजूदा शेष राशि को देखो ।
메리- 바짜뜨 끼- 모우주-다- 셰슈 라-시- 꼬 데코
내 예금의 잔액을 봐.

□ **बचत** 바짜뜨 ⓕ 저금, 예금

□ **अमीर** 아미-르 / **धनी** 다ʰ니- / **संपन्न** 삼빤느 부유한

□ **कंजूस** 깐주-스
구두쇠, 수전노

□ **निर्धनता** 니르단^{h}따- ⓕ / **धनाभाव** 다^{h}나-바^h-우 무일푼

मैं एकदम निर्धन हूँ ।
매~ 에끄담 니르단^h 훙-~
나는 무일푼이야.

관련 단어

□ **खाता** 카-따- 계좌

□ **नोट** 노뜨 지폐

□ **सिक्का** 씩까- 동전

□ **चिल्लर** 찔라르 / **रेज़गारी** 레즈가-리- ⓕ 잔돈

□ **रोकड़** 로까르 ⓕ / **नक़दी** 나끄디- ⓕ 현금

□ **धन प्रेषण** 단^h 쁘레샨 송금

□ **चेक** 쩨끄 / **धनादेशपत्र** 다^{h}나-데슈빠뜨러 수표

□ **हुंडी** 훈디- ⓕ 어음

□ **बजट** 바자뜨 예산

□ **वित्तीय मामले** 빗띠-에 마-믈레 재무, 재정

□ **ऋण** 린 / **क़र्ज़** 까르즈 빚, 부채

- □ लेनदार 렌다-르 채권자
- □ देनदार 덴다-르 채무자
- □ उधार 우다ʰ-르 신용
- □ उधार लेनदेन 우다ʰ-르 렌덴 융자
- □ वापसी 와-쁘씨- ⓕ 상환
- □ ऋण चुकाना 린 쭈까-나- 빚을 청산하다
- □ पैसे निकलना 빼쎄 니깔르나- 인출하다
- □ बचत करना 바짜뜨 까르나- 저축하다
- □ मितव्ययिता 미뜨뱌이따- ⓕ 절약
- □ भुगतान 북ʰ딴- 지불
- □ व्यय 뱌에 / ख़र्च 카르쯔 지출
- □ अपव्यय 아쁘뱌에 낭비
- □ निवेश 니베슈 투자
- □ नक़ली 나끌리- 가짜의, 모조의
- □ बीजक 비자끄 청구서, 계산서
- □ मुद्रा 무드라- 화폐, 통화
- □ मौद्रिक नीति 모우드릭 니-띠 ⓕ 통화정책
- □ विदेशी मुद्रा बाज़ार 비데시- 무드라- 바-자-르 외환시장

인도 화폐 रुपया 루뻐야-

पाँच रुपये 빵-~쯔 루뻬예 ₹5

दस रुपये 다스 루뻬예 ₹10

बीस रुपये 비-스 루뻬예 ₹20

पचास रुपये 빠짜-스 루뻬예 ₹50

एक सौ रुपये
에끄 소우 루뻬예 ₹100

दो सौ रुपये
도 소우 루뻬예 ₹200

पाँच सौ रुपये
빵-~쯔 소우 루뻬예 ₹500

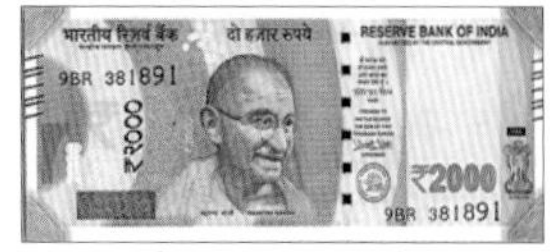

दो हज़ार रुपये
도 하자-르 루뻬예 ₹2000

인도 지폐에는 인도의 국부이자 정신적 지도자인 **महात्मा गाँधी** 마하뜨마 간디(1869–1948)가 그려져 있다. 이 외에 ₹1, ₹2, ₹5, ₹10, ₹20 동전이 사용된다.

Unit 03

व्यापार 뱌-빠-르 무역

□ संविदा 산비다- / ठेका 테까- 계약

□ लादन 라-단 선적

□ (माल) लादन करना (말-) 라-단 까르나- (화물을) 선적하다

□ कंटेनर 깐떼나르 컨테이너

□ दावा 다-와- 클레임

□ परिवहन 빠리버흔 운송

□ परिवहन करना 빠리버흔 까르나- 운송하다

□ वायु परिवहन 와-유 ⓕ 빠리버흔 항공운송

□ समुद्री परिवहन 사무드리- 빠리버흔 해상운송

□ भूमि परिवहन 부h-미 ⓕ 빠리버흔 육상운송

관련 단어

- □ लेन-देन 렌덴 / सौदा 소우다- 거래
- □ आकलन 아-끌란 / प्राक्कलन 쁘락-끌란 견적
- □ दाम 담- / किराया 끼라-야- 금액
- □ भुगतान 북ʰ딴- 결제
- □ भुगतान की समय सीमा 북ʰ딴- 끼- 사마에 씨-마- ⓕ 납기
- □ गिरवी 기르비- ⓕ / रेहन 레한 담보
- □ प्रतिनिधि 쁘라띠니디ʰ 대리인
- □ पूर्ण और अनन्य अनुबंध 뿌-른 오우르 아나녀 아누반드ʰ 독점계약
- □ प्रेषण 쁘레샨 발송, 위탁
- □ निष्पक्ष व्यापार 니슈빡슈 뱌-빠-르 공정무역
- □ साख पत्र 사-크 빠뜨러 신용장
- □ बीजक 비-자끄 송장
- □ प्रशुल्क 쁘라슐끄 관세
- □ प्रशुल्क दर 쁘라슐끄 다르 관세율
- □ सीमा शुल्क चौकी 씨마- ⓕ 슐끄 쪼우끼- ⓕ 세관
- □ मूल स्थान 물- 스탄- 원산지

□ वितरक 비뜨라끄 유통업자

□ उपठेका 우쁘테까- 하청

□ उपठेकेदार 우쁘테께다-르 하청업자

□ व्यापार संतुलन 뱌-빠-르 산뚤란 무역수지

□ व्यापार अधिशेष 뱌-빠-르 아디h셰슈 무역흑자

□ व्यापार घाटा 뱌-빠-르 가h-따- 무역적자

□ निःशुल्क व्यापार समझौता
니ㅎ슐끄 뱌-빠-르 사므조h우따- ⓕ 자유무역협정

□ आयात पर प्रतिबंध 아-야-뜨 빠르 쁘라띠반드h 수입제한

□ निर्यात 니랴-뜨 수출

□ बाज़ार मूल्य 바-자-르 물-려 시가

□ दोषपूर्ण उत्पाद 도슈뿌-른 우뜨빠-드 불량, 불량품

□ मोलतोल 몰똘 / मोलभाव 몰바h-우 흥정

□ विनिमय दर 비니마에 다르 ⓕ 환율

समाज 사마-즈 사회

□ **भीड़** 비^h-르 ⓕ 군중

□ **सभा** 사바^h- ⓕ /
सम्मेलन 삼멜란 집회

□ **बहुसंस्कृतिवाद**
바후산스끄리띠와-드 다문화주의

□ **बहुसांस्कृतिक समाज**
바후산-스끄리떡 사마-즈 다문화사회

□ **नस्लवाद** 나슬와-드 /
नस्लभेद 나슬베^{h}드 인종차별

□ **ग़रीबी** 가리-비- ⓕ /
दरिद्रता 다리드러따- ⓕ
빈곤, 궁핍

□ **(सामाजिक) ध्रुवीकरण**
사-마-직 드^{h}루비끄란 (사회) 양극화

□ हिंसा 힌사- ⓕ 폭력

□ मौखिक हिंसा 모우킥 힌사- ⓕ 언어폭력

관련 단어

- □ दुर्व्यवहार 두르뱌브하-르 학대
- □ संघर्ष 상가ʰ르슈 / द्वंद्व 드완드워 갈등, 분쟁
- □ प्रतियोगिता 쁘라띠요기따- ⓕ 경쟁
- □ जनता 잔따- ⓕ 국민
- □ जन 잔 / सर्वजन 사르브잔 대중, 공중, 공공
- □ संस्कृति 산스끄리띠 ⓕ 문화
- □ क़ानूनी 까-누-니- 합법의
- □ ग़ैरक़ानूनी 개르까-누-니- 불법의
- □ राजसहायता 라-즈사하-에따- ⓕ 국가보조금
- □ सार्वजनिक उपक्रम 사-르우자닉 우쁘끄람 공공사업

□ स्वयंसेवा 스와양~쎄와- ⓕ 자원봉사

□ जन्म दर 잔므 다르 출생률

□ जनसंख्या 잔상캬- ⓕ 인구

□ सामाजिक असमानता 사-마-직 아스만-따- ⓕ 사회 불평등

□ ग़रीब वर्ग 가리-브 바르그 빈곤층

□ मध्यम वर्ग 마댬h 바르그 중산층

□ भ्रष्टाचार 브h라슈따-짜-르 부정부패

□ लिंगवाद 링그와-드 성차별

□ आत्महत्या 아-뜨머하따- ⓕ 자살

□ ग़ैरक़ानूनी आप्रवास 개르까-누-니- 아-쁘라와-스
불법이민, 불법체류

Unit 05

व्यवसाय 뱌브사-에 비즈니스

□ ग्राहक 그라-학 고객

□ मूल्य 물-려 / क़ीमत 끼마뜨 / दाम 담- / भाव 바h-우 가격

□ मूल्य वृद्धि 물-려 브릿디h ⓕ 가격인상

□ रक़म-वसूली 라깜바술-리- ⓕ 수금

□ खुदरा स्टोर 쿠드라- 스또르 ⓕ 대리점, 소매점

□ बाज़ार अनुसंधान 바-자-르 아누산단h- 시장조사

□ **नया माल** 나야- 말- / **नया उत्पाद** 나야- 우뜨빠-드 신제품, 신상품

हमारी कंपनी नए उत्पादों को विकसित करने में लगी हुई है ।
하마-리- 깜쁘니- 나에 우뜨빠-동~ 꼬 비끄씨뜨 까르네 메~ 라기- 후이- 해
우리 회사는 신제품 개발에 사활을 걸고 있다.

관련 단어

□ **विपणन** 비쁘난 마케팅

□ **व्यवसाय** 뱌브사-에 사업

□ **व्यावसायिक लेन-देन** 뱌-우사-익 렌덴 / **व्यावसायिक सौदा** 뱌-우사-익 소우다- 상거래

□ **संविदा पत्र** 산비다- 빠뜨러 계약서

□ **बिक्री कार्यालय** 비끄리- ⓕ 까-랼-라에 영업소, 영업장

□ **खुलने का समय** 쿨르네 까- 사마에 영업시간

□ **ग्राहक संतुष्टि सर्वेक्षण** 그라-학 산뚜슈띠 ⓕ 사르웩샨 고객 만족 조사

□ **महा उद्यम** 마하- 우댬 대기업

□ **सूक्ष्म, लघु एवं मध्यम उद्यम** 숙-숌, 라구[h] 에방 마댬[h] 우댬 중소기업

□ संयुक्त उद्यम 상유끄뜨 우댬 합작기업

□ सहायक कंपनी 사하-약 깜쁘니- ⓕ 자회사

□ संबद्ध कंपनी 삼밧드ʰ 깜쁘니- ⓕ 계열사

□ बिक्री 비끄리- ⓕ / उत्पादन 우뜨빠-단 매출, 총매상고

□ सुझाव दिया खुदरा मूल्य 수자ʰ-우 디야- 쿠드라- 물-려 권장소비자가격

□ थोक मूल्य 토끄 물-려 도매가

□ खुदरा मूल्य 쿠드라- 물-려 소매가

□ उपभोक्ता समूह 우쁘보ʰ끄따- 사무-흐 소비자층

□ लाभ-अलाभ स्थिति 라-브ʰ알라-브ʰ 스티띠 ⓕ 손익분기점

□ बाज़ार हिस्सेदारी 바-자-르 ⓕ 힛쎄다-리- ⓕ 시장 점유율

□ सहायता संघ 사하-에따- ⓕ 상그ʰ 컨소시엄

복습문제 अभ्यास

1 다음 그림을 단어와 연결시키세요

गिरना　　उत्पादन करना　　उपभोग　　उद्यम

2 다음 단어를 힌디어 혹은 우리말로 고쳐 보세요.

a) कंजूस ______________　अपव्यय ______________

국가보조금 ______________　ऋण/ कर्ज़ ______________

b) चेक/ धनादेशपत्र ______________　신용 ______________

융자 ______________　पैसे निकालना ______________

c) बचत करना ______________　지출 ______________

지폐 ______________　बीजक ______________

3 다음 보기에서 단어를 골라 빈칸에 써넣어 보세요.

a) प्रेषण　गिरवी/ रेहन　लेन-देन / सौदा　प्रशुल्क
संविदा/ ठेका

b) माल　लादन　विनिमय दर　दावा　निर्यात
सीमा शुल्क चौकी

a) 계약 ____________________ 거래 ____________________

담보 ____________________ 관세 ____________________

발송 ____________________

b) 선적 ____________________ 화물 ____________________

수출 ____________________ 클레임 ____________________

세관 ____________________ 환율 ____________________

4 다음 단어를 힌디어로 써넣어 보세요.

국민 ____________________ 군중 ____________________

다문화주의 ____________________ 인구 ____________________

중산층 ____________________ 출생률 ____________________

5 다음 단어를 힌디어 혹은 우리말로 고쳐 보세요.

a) ग्राहक ____________________ 가격인상 ____________________

마케팅 ____________________ बिक्री/ उत्पादन ____________________

b) नया माल/ नया उत्पाद ____________________ 컨소시엄 ____________________

계열사 ____________________ व्यवसाय ____________________

1 기업 – उद्यम　　소비 – उपभोग　　감소하다 – गिरना
생산하다 – उत्पादन करना

2 a) 구두쇠　낭비　राजसहायता　빚
b) 수표　उधार　उधार लेनदेन　인출하다
c) 저축하다　व्यय/ ख़र्च　नोट　청구서

3 a) संविदा/ ठेका　लेन-देन / सौदा　गिरवी/ रेहन　प्रशुल्क　प्रेषण
b) लादन　माल　निर्यात　दावा　सीमा शुल्क चौकी　विनिमय दर

4 जनता　भीड़　बहुसंस्कृतिवाद　जनसंख्या
मध्यम वर्ग　जन्म दर

5 a) 고객　मूल्य वृद्धि　विपणन　매출
b) 신제품　सहायता संघ　संबद्ध कंपनी　사업

THEMATIC HINDI WORDS

Theme 8

ख़रीदारी 카리-다-리- ⓕ 쇼핑

मॉल 몰 쇼핑몰

□ ख़ज़ांची 카잔-찌- / कैशियर 깨시야르 계산원

□ भुगतान स्थल 북ʰ그딴- 스탈 계산대

□ नोट 노뜨 지폐

□ सिक्का 씩까- 동전

□ ट्रॉली 뜨럴리- ⓕ 쇼핑 카트

□ क्लर्क 끌라르끄 / बिक्री सहायक 비끄리- ⓕ 사하-에끄 점원

टूथब्रश कहाँ है ? मुझे क्लर्क से पूछना होगा ।

뚜-트브라슈 까항-ˇ 해? 무제ʰ 끌라르끄 쎄 뿌-츠나- 호가-

칫솔이 어디 있지? 점원에게 물어봐야겠네.

□ ग्राहक 그라-학 고객

관련 단어

- □ बार कोड 바-르 꼬드 바코드
- □ क़ीमत की पर्ची 끼마뜨 ⓕ 끼- 빠르찌- ⓕ 가격표
- □ चेक 쩨끄 / धनादेशपत्र 다ʰ나-데슈빠뜨러 수표
- □ रोकड़ 로까르 ⓕ / नक़दी 나끄디- ⓕ 현금
- □ चिल्लर 찔라르 / रेज़गारी 레즈가-리- ⓕ 잔돈
- □ विंडो शॉपिंग 빈도 쇼삥 윈도쇼핑
- □ ब्रांड 브란-드 브랜드, 상표
- □ उपहार 우뻐하-르 / तोहफ़ा 또흐파- 선물
- □ छूट 추-뜨 ⓕ 할인
- □ धमाका सेल 다ʰ마-까- 쎌 바겐세일
- □ विशेष मूल्य 비셰슈 물려 특가
- □ धनवापसी 단ʰ와-쁘씨- ⓕ 환불

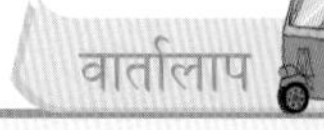

A: धमाका सेल आज से शुरू हो गया है । ख़रीदारी करने चलें ?
다ʰ마-까- 쎌 아-즈 쎄 슈루- 호 가야- 해. 카리-다-리- 까르네 짤렝~?
오늘부터 바겐세일이라는데, 쇼핑 가지 않을래?

B: हाँ, मुझे माँ के लिए उपहार ख़रीदना है ।
항-~, 무제ʰ 망-~ 께 리에 우뻐하-르 카리-드나- 해
그래. 난 엄마 선물을 사야 해.

□ **पुरुष परिधान**

뿌루슈 빠리단h- 남성복

□ **महिला परिधान**

마힐라- 빠리단h- 여성복

□ **सौंदर्य प्रसाधन**

소운다러 쁘라사-단h 화장품

यह सौंदर्य प्रसाधन तैलीय लगता है ।

예헤 소운다러 쁘라사-단h 땔리-여 라그따- 해

이 화장품은 유분이 많은 것 같네요.

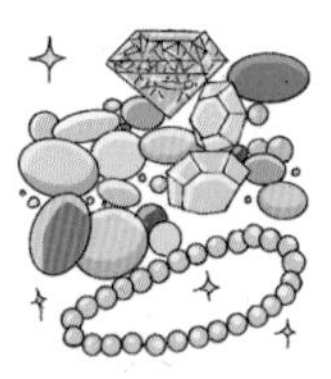

□ **बिसात** 비사-뜨 ⓕ 잡화

□ **रत्न** 라뜬 보석

□ **खिलौना** 킬로우나- 장난감

पाँच साल के लड़के के लिए कौन-सा खिलौना अच्छा होगा ?

빵-~쯔 살- 께 라르께 께 리에 꼬운사- 킬로우나- 앗차- 호가-?

다섯 살짜리 사내아이에게 어떤 장난감이 좋을까요?

□ **रसोई उपकरण**
라소이- ⓕ 우쁘까란 주방용품

□ **घरेलू विद्युत उपकरण**
가^{h}렐루- 비듀뜨 우쁘까란 가전제품

□ **फ़र्नीचर**
파르니-짜르 가구

□ **खाद्य पदार्थ** 카-더 빠다-르트 식품

खाद्य पदार्थों के सेक्शन जाकर किराने का सामान ले लूँगा/*लूँगी ।

카-더 빠다-르통~ 께 섹샨 자-까르 끼라-네 까- 사-만- 레 룽-~가-/*룽-~기-

식품 코너에 가서 반찬거리 좀 사야겠어.

□ **लेखन-सामग्री** 레칸 사-머그리- ⓕ / **स्टेशनरी** 스떼샤느리- ⓕ 문구

खाद्य पदार्थ 카-뎌 빠다-르트 식품

□ रोटी 로띠- ⓕ / ब्रेड 브레드 빵

□ डिब्बाबंद खाद्य पदार्थ 딥바-반드 카-뎌 빠다-르트 통조림

□ चावल 짜-발 쌀

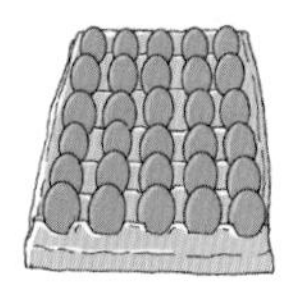

□ अंडा 안다- 계란

□ दूध 두-드h 우유

□ फल 팔 과일

□ सब्ज़ी 사브지- ⓕ 채소

□ आइसक्रीम 아-이스끄림- ⓕ 아이스크림

□ **रस** 라스 / **जूस** 주스　주스

मैं ठंडा गन्ने का रस पीना चाहता/*चाहती हूँ ।

매~ 탄다- 간네 까- 라스 삐-나- 짜-흐따-/*짜-흐띠- 훙-~

시원한 사탕수수 주스 마시고 싶다.

□ **शीतल पेय**

시-딸 뻬여　청량음료

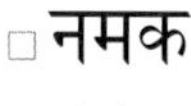

□ **नमक**

나막　소금

□ **चीनी**

찌-니- ⓕ　설탕

□ **टमाटर की चटनी**

따마-따르 끼- 짜뜨니- ⓕ

토마토케첩, 토마토소스

관련 단어

□ **जमा हुआ भोजन** 자마- 후아- 보ʰ잔　냉동식품

□ **खाद्य तेल** 카-더 뗄　식용유

□ **घी** 기ʰ-　기 (우유 기름)

□ **दही** 다히-　커드, 요거트

- □ **मक्खन** 막칸 버터
- □ **पनीर** 빠니-르 빠니르 (인도식 생치즈)
- □ **आटा** 아-따- 통밀가루
- □ **मैदा** 매다- (정제한) 밀가루
- □ **मसाला** 마살-라- 향신료
- □ **सिरका** 씨르까- 식초
- □ **बिस्कुट** 비스꾸뜨 과자
- □ **पेय** 뻬여 음료수
- □ **खेल पेय** 켈 뻬여 스포츠 드링크
- □ **ऊर्जा पेय** 우-르자- 뻬여 에너지 드링크

वार्तालाप

A: मैं दूध ख़रीदना भूल गया/*गयी हूँ ।

매~ 두-드^h 카리-드나- 불^h- 가야-/*가이- 훙-~

우유 사는 걸 깜빡 했네!

B: मैं ले आता/*आती हूँ । दूध कहाँ है ?

매~ 레 아-따-/*아-띠- 훙-~. 두-드^h 까항-~ 해?

내가 가서 가져올게. 우유가 어디에 있더라?

A: उधर दुग्ध उत्पादों के सेक्शन में है ।

우다^{h}르 두그드^h 우뜨빠-동~ 께 섹샨 매~ 해

저쪽 유제품 코너에 있어.

पुरुष परिधान 뿌루슈 빠리단^h- 남성복

□ **कोट** 꼬뜨 상의, 윗도리

अगर गरमी लग रही है, तो अपना कोट उतारो ।

아가르 가르미- 라그 라히- 해, 또 아쁘나- 꼬뜨 우따-로

더우면 상의는 벗어도 돼요.

□ **टी-शर्ट** 띠-샤르뜨 티셔츠

इस टी-शर्ट का रंग अच्छा लगता है ।

이스 띠-샤르뜨 까- 랑그 앗차- 라그따- 해

이 티셔츠 색깔이 좋아 보여.

□ **जैकेट** 재껫 점퍼, 재킷

□ **स्वेटर** 스웨따르 스웨터

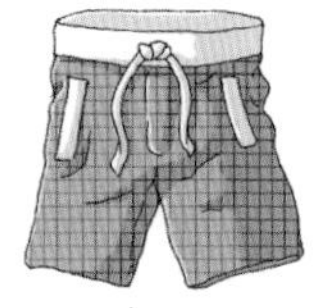

□ **घुटन्ना** 구^{h}딴나- 반바지

□ **पैंट** 빼뜨 바지

□ **जीन्स** 진-스 청바지

□ पोलो क़मीज़

뽈로 까미-즈 ⓕ 폴로셔츠

□ क़मीज़ 까미-즈 ⓕ

와이셔츠

□ (बिजनेस) सूट

(비즈네스) 수-뜨 정장

□ औपचारिक सूट

오우빠짜-릭 수-뜨 예복

□ ट्रैक सूट

뜨랙 수-뜨 운동복

□ कुरता 꾸르따-

꾸르따 (북부 인도의 남성 전통 상의)

□ चड्डी 짯디- ⓕ 속옷

관련 단어

- □ बनियान 바니얀- 러닝셔츠
- □ अचकन 아쯔깐 아쯔깐 (몸에 딱 맞는 남성용 긴 코트)
- □ धोती 도띠- ⓕ 도띠 (바느질하지 않고 허리에 두르는 남성 하의)
- □ वास्कट 와-스까뜨 조끼
- □ दैनिक पहनावा 대닉 빼흐나-와- 평상복
- □ बरसाती 바르사-띠- ⓕ / रेनकोट 렌꼬뜨 비옷
- □ स्विमसूट 스윔수-뜨 수영복

- □ तंग 땅그 꽉 끼는
- □ ढीला 딜ʰ-라- 헐렁한, 느슨한
- □ गोल गला 골 갈라- 라운드 넥
- □ बटन 바떤 단추
- □ आस्तीन 아-스띤- ⓕ 소매
- □ जेब 젭 ⓕ 주머니
- □ अस्तर 아스따르 안감

महिला परिधान 마힐라- ⓕ 빠리단ʰ- 여성복

□ क़मीज़ 까미-즈 ⓕ

블라우스, 셔츠

□ स्कर्ट 스까르뜨 ⓕ 치마, 스커트

तुम्हारी स्कर्ट बहुत छोटी है ।

뚬하-리- 스까르뜨 바훗 초띠- 해

너 스커트 길이가 너무 짧다.

□ कार्डिगन 까-르디간

카디건

□ साड़ी 사-리- ⓕ 사리 (인도의 여성 전통 의상)

साड़ी पहनने के कई तरीके हैं ।

사-리- 뻬헨네 께 까이- 따리-께 행~

사리를 입는 데에는 여러 방법이 있다.

□ ड्रेस 드레스 원피스

□ गाउन 가-운 야회복

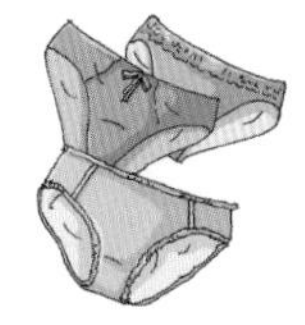

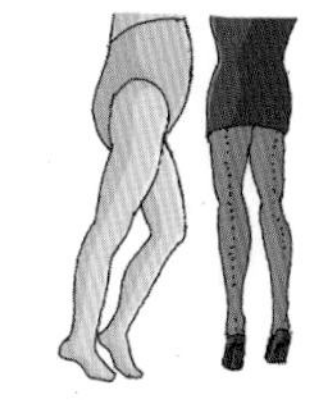

□ ब्रा 브라- 브래지어

□ निकर 니까르 삼각팬티

□ लंबे मोज़े 람베 모제 팬티스타킹

관련 단어

□ स्लिप 슬립 슬립, 속치마

□ चोली 쫄리- ⓕ 코르셋, 거들

□ तंग पजामी 땅그 빠자-미- ⓕ 타이츠

□ आस्तीन रहित 아-스띤- ⓕ 라히뜨 민소매의

□ ज़िपर 지빠르 지퍼

□ फ़ीता 피-따- 리본

□ लेस 레스 레이스

□ ब्लाउज़ 블라-우즈 블라우즈 (사리 안에 받쳐 입는 짧고 딱 붙는 여성 상의)

□ सलवार 살와-르 살와르 (통이 넓은 여성 하의)

जूते, फ़ैशन एक्सेसरीज़
주-떼, 패샨 엑쎄사리-즈 **신발, 패션 잡화**

□ **ऊँची एड़ी के जूते**
웅-~찌- 에리- 께 주-떼 하이힐

□ **बूट** 부-뜨 부츠

□ **(चमड़े के) जूते** (짜므레 께) 주-떼 (가죽) 구두

आज मैं नये जूते पहनकर आया/*आयी, लेकिन अब भारी बारिश हो रही है ।
아-즈 매~ 나예 주-떼 뻬헨까르 아-야-/*아-이-, 레낀 압 바ʰ-리- 바-리슈 호 라히- 헤
오늘 새 구두를 신었는데, 지금 비가 엄청 오네.

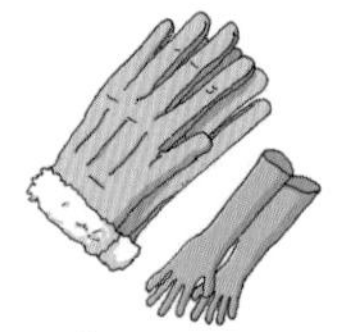

□ **ट्रेनर्स** 뜨레나르스
운동화

□ **मोज़े** 모제 양말

□ **दस्ताने** 다스따-네
장갑

□ **बेसबॉल कैप**
베스벌 캡
야구 모자

□ **टोपी** 또삐- ⓕ 모자

□ टाई 따-이- ⓕ
넥타이

□ दुपट्टा 두빳따-
스카프

□ रूमाल 루-말-
손수건

관련 단어

□ सैंडल 샌덜 샌들

□ चप्पल 짭빨 슬리퍼

□ हार 하-르 ⓕ 목걸이

□ चूड़ी 쭈-리- ⓕ / ब्रेसलेट 브레슬렛 팔찌

□ बुंदे 분데 귀걸이

□ ब्रोच 브로쯔 브로치

□ अँगूठी 앙~구-티- ⓕ 반지

□ बो-टाई 보따-이- ⓕ 나비넥타이

□ बेल्ट 벨뜨 / पेटी 뻬띠- ⓕ 벨트

□ ऐनक 애낙 / चश्मा 짜슈마- 안경

□ पायल 빠-얄 발찌

□ आभूषण 아-부ʰ-샨 / गहना 게흐나- 장신구

सौंदर्य प्रसाधन 소운다려 쁘라사-단h 화장품

□ **टोनर** 또나르 스킨, 토너

□ **लोशन** 로샨 로션

□ **नॉरिशिंग क्रीम**

너리싱 끄림- ⓕ 영양 크림

□ **पाउडर**

빠-우다르 콤팩트 파우더

□ **पफ़** 빠프 퍼프

□ **फ़ाउंडेशन** 파-운데샨 파운데이션

मेरे चेहरे की रंगत पर यह फ़ाउंडेशन मैच नहीं है ।

메레 쩨흐레 끼 랑가뜨 빠르 예헤 파-운데샨 매쯔 나힝-~ 해

이 파운데이션은 내 얼굴색에 맞지 않는다.

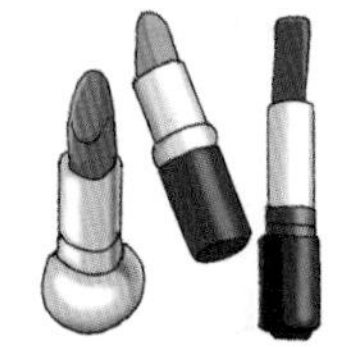

□ **मस्कारा** 마스까-라- 마스카라

□ **लिपस्टिक** 립스띡
립스틱

□ **इत्र** 이뜨러 향수
इस इत्र की सुगंध कैसी लगी ?
이스 이뜨러 끼- 수간드^{h} 깨씨- 라기-?
이 향수 냄새 어때요?

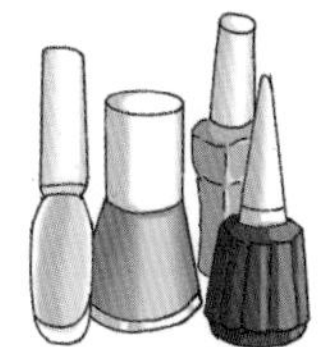

□ **नेल पॉलिश** 넬 뽈리슈
매니큐어

□ **कंघी करना**
깡기^{h}- ⓕ 까르나- 머리를 빗다

□ **मेकअप करना** 메끄압 까르나- 화장하다
इन दिनों मेट्रो में मेकअप करने वाली महिलाएँ बहुत हैं ।
인 디농~ 메뜨로 메~ 메끄압 까르네 왈-리- 마힐라-엥~ 바훗 행~
요즘 전철에서 화장하는 여자들이 많더라.

Unit 06 सौंदर्य प्रसाधन ▶▶▶

관련 단어

- □ लिप ग्लॉस 립 글러스 립글로스
- □ ब्लशर 블라샤르 볼터치
- □ आई शैडो 아-이- 새도 아이섀도
- □ क्लींज़र 끌린자르 클렌징크림
- □ गोरी त्वचा 고리- 뜨와짜- ⓕ 흰 피부
- □ तैलीय त्वचा 땔리-여 뜨와짜- ⓕ 지성 피부
- □ रूखी त्वचा 루-키- 뜨와짜- ⓕ 건성 피부
- □ संवेदनशील त्वचा 산베단실- 뜨와짜- ⓕ 민감성 피부
- □ सनटैन क्रीम 산땐 끄림- ⓕ 선탠 크림
- □ सनस्क्रीन 산스끄린- 자외선차단제
- □ साबुन 사-분 비누
- □ सौंदर्य उपचार 소운다려 우쁘짜-르 피부 미용 관리, 스킨케어
- □ हेयर ड्रायर 헤야르 드라-야르 헤어드라이어
- □ कर्लिंग चिमटा 까르링 찜따- 고데기
- □ कंघी 깡기h- ⓕ 빗
- □ चिमटी 찜띠- ⓕ 핀셋, 족집게

A: आज सुबह से तेज़ धूप खिली हुई है । बाहर जाने से पहले सनस्क्रीन लगाओ ।

아-즈 수베흐 쎄 떼즈 두^{h}-쁘 킬리- 후이- 해. 바-하르 자-네 쎄 뻬흘레 산스끄린- 라가-오

오늘 아침부터 햇볕이 강하네. 밖에 나가기 전에 자외선차단제를 바르렴.

B: मेरे पास सनस्क्रीन नहीं है ।

메레 빠-스 산스끄린- 나힝-~ 해

나 자외선차단제 없는데.

A: तो यह ले लो, मेरा है ।

또 예헤 레 로, 메- 해

그럼 이걸 쓰렴, 내 거야.

घरेलू विद्युत उपकरण

가ʰ렐루- 비듀뜨 우쁘까란 **가전제품**

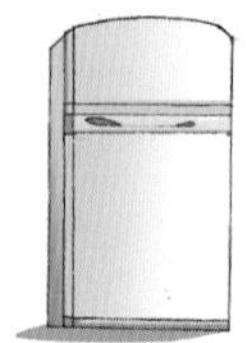

□ **दूरदर्शन** 두-르다르샨 / **टेलिविजन** 뗄리비잔 텔레비전

□ **प्रशीतित्र** 쁘라시-띠뜨러 / **फ़्रिज** 프리즈 냉장고

□ **धुलाई मशीन** 둘ʰ라-이- 마신- ⓕ / **वाशिंग मशीन** 와-싱 마신- ⓕ 세탁기

क्या तुम्हें अभी तक मालूम नहीं कि धुलाई मशीन का उपयोग कैसे करें ?

까- 뚬헹~ 아비ʰ- 딱 말-룸- 나힝-~ 끼 둘ʰ라-이- 마신- 까- 우쁘요그 깨쎄 까렝~?

너 아직 세탁기 사용법을 모르니?

□ **एयर कंडीशनर** 에야르 깐디-샤나르 / **ए.सी.** 에.씨-. 에어컨

मुझे कौन-सा एयर कंडीशनर ख़रीदना चाहिए ?

무제ʰ 꼬운사- 에야르 깐디-샤나르 카리-드나- 짜-히에?

에어컨은 어떤 것으로 사야 할까요?

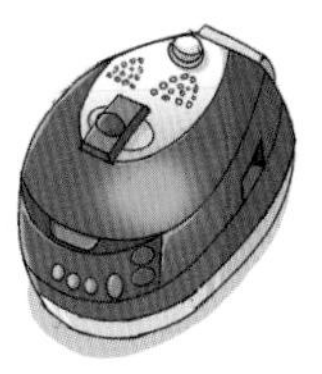

□ बिजली चावल कुकर

비즐리- ⓕ 짜-발 꾸까르 전기밥솥

आजकल बिजली चावल कुकर के विभिन्न कार्य होते हैं ।

아-즈깔 비즐리- 짜-발 꾸까르 께 비빈ʰ느 까-려 호떼 행˜

요즘 전기밥솥은 기능이 무척 다양하다.

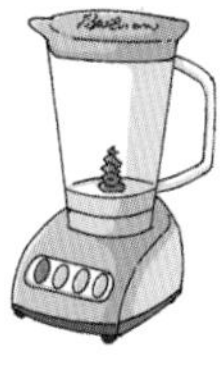

□ ब्लेंडर 블렌다르 블렌더, 믹서

□ इस्तरी 이스뜨리- ⓕ 전기다리미

□ फ़ोन 폰 전화기

बहुत लंबे समय से इस फ़ोन का इस्तेमाल किया जा रहा है ।

바훗 람베 사마에 세 이스 폰 까- 이스떼말- 끼야- 자- 라하- 해

이 전화기 무척 오래 쓰는구나.

□ताररहित फ़ोन

따-르라히뜨 폰

무선전화기

관련 단어

□ पंखा 빵카- 선풍기

□ गैस चूल्हा 개스 쭐-하- 가스레인지

- □ **सूक्ष्मतरंग चूल्हा** 숙-슌따랑그 쭐-하- 전자레인지
- □ **ह्यूमिडिफ़ायर** 휴-미디파-야르 가습기
- □ **एयर प्यूरीफ़ायर** 에야르 쀼-리-파-야르 공기청정기
- □ **डिशवॉशर** 디슈워-샤르 식기 세척기
- □ **दूरनियंत्रक** 두-르니얀뜨락 / **रिमोट कंट्रोलर** 리모뜨 깐뜨롤라르 리모컨
- □ **चालू करना** 짤-루- 까르나- 켜다
- □ **बंद करना** 반드 까르나- 끄다

वार्तालाप

A: **पंखे की गति को कम कर दो ।**

빵케 끼- 가띠 꼬 깜 까르 도

선풍기 바람 좀 약하게 해줘.

B: **मुझे इतनी गर्मी लग रही है कि फ़्रिज के अंदर तक घुसना चाहूँगा/*चाहूँगी ।**

무제^h 이뜨니- 가르미- 라그 라히- 해 끼 프리즈 께 안다르 딱 구^{h}스나 짜-훙-~가-/*짜-훙-~기-

난 너무 더워서 냉장고 속에라도 들어가고 싶은데.

A: **माफ़ करो, एसी ख़राब हो गया...**

마-프 까로, 에씨- 카랍- 호 가야-…

미안해, 에어컨이 고장나서….

रत्न 라뜬 보석, 귀금속

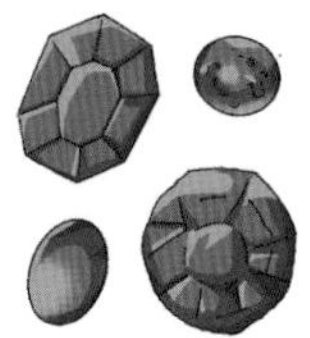

□ **माणिक** 마-닉 루비

कुछ समय के लिए कृत्रिम माणिक और महँगा होता था ।

꾸츠 사마에 께 리에 끄리뜨림 마-닉 오우르 메행-가-호따- 타-

한때 인조 루비가 더 비싼 적이 있었다.

□ **नीलम** 닐-람

사파이어

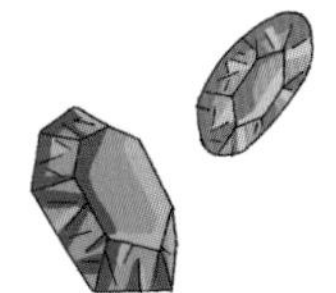

□ **मोती** 모띠- 진주

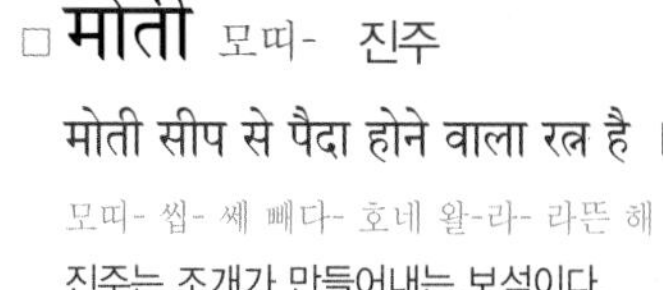

मोती सीप से पैदा होने वाला रत्न है ।

모띠- 씹- 쎄 빼다- 호네 왈-라- 라뜬 해

진주는 조개가 만들어내는 보석이다.

□ **पन्ना** 빤나- / **मरकत** 마르까뜨 에메랄드

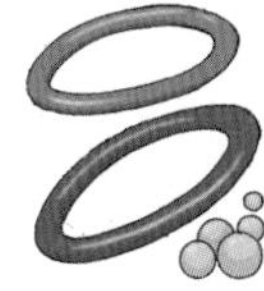

□ **हरिताश्म** 하리따-슈머 / **जेड** 제드 옥, 비취

हरिताश्म में भी मल होता है ।

하리따-슈머 메ˋ 비ʰ- 말 호따- 해

옥에도 티가 있다.

Unit 08 रत्न

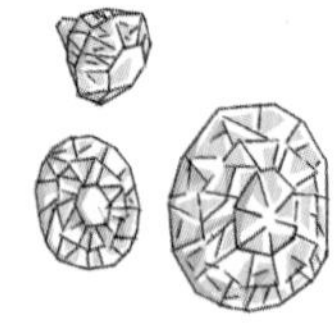

□ स्फटिक 스파띡 / क्रिस्टल 끄리스딸 수정

□ हीरा 히라- 다이아몬드

관련 단어

□ सोना 소나- 금

□ चाँदी 짱-~디- ⓕ 은

□ प्लैटिनम 쁠래띠남 백금

□ तृणमणि 뜨린마니 ⓕ / कहरुवा 께흐루와- 호박

□ प्रवाल 쁘라왈- 산호

□ पुखराज 뿌크라-즈 토파즈, 황옥

□ फ़िरोज़ा 피로자- 터키석

□ मुलम्मा 물람마- 도금

□ स्वर्ण 스와른 / सुनहरा 수네흐라 금으로 만든

□ असली 아슬리- 진짜의

□ नक़ली 나끌리- 가짜의, 모조의

A: क्या यह असली हीरे की अँगूठी है ?

까- 예헤 아슬리- 히-레 끼- 앙~구티- 해?

이거 진짜 다이아몬드 반지 맞니?

B: हाँ, बिल्कुल असली । देखो, बहुत सुंदर है न ?

항-~, 빌꿀 아슬리. 데코, 바훗 순다르 해 나?

그럼, 당연히 진짜지. 봐봐, 정말 예쁘지?

ब्रेड·मिष्ठान्न 브레드 · 미슈탄-느 빵 · 제과

□ **चॉकलेट** 쩌끌렛 초콜릿

कहा जाता है कि डार्क चॉकलेट हृदय संबंधी रोगों को रोकने में सहायक है ।

까하- 자-따- 해 끼 다-르끄 쩌끌렛 흐리다에 삼반디h- 로공 꼬 로끄네 메 사하-야끄 행

다크 초콜릿이 심장병을 예방하는 데 도움이 된다고 한다.

□ **बिस्कुट** 비스꾸뜨 비스킷

मुझे सादा बिस्कुट पसंद आता है ।

무제h 사-다- 비스꾸뜨 빠산드 아-따- 해

나는 담백한 비스킷이 좋다.

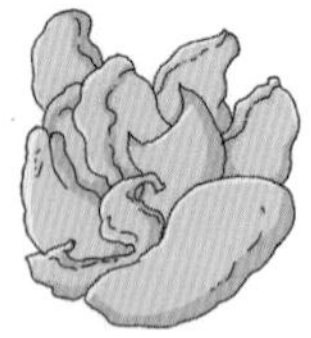

□ **आलू चिप्स**

알-루- 찝스 포테이토칩

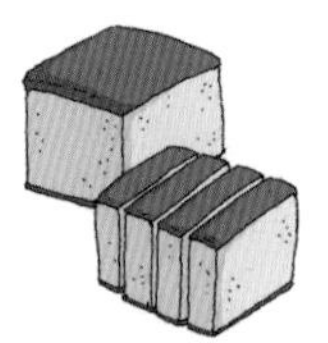

□ **स्पंज केक** 스빤즈 께끄

스펀지 케이크, 카스텔라

□ **कारमेल**

까-르멜

캐러멜

□ **टॉफ़ी** 떠피- ⓕ

사탕

□ **मफ़िन** 마핀 머핀

□ **जन्मदिन का केक** 잔므딘 까- 께끄 생일 케이크

관련 단어

□ **च्यूइंग गम** 쮸-잉 감 껌

□ **पुदीना टॉफ़ी** 뿌디-나- 떠피- ⓕ 박하사탕

□ **पेस्ट्री** 뻬스뜨리- ⓕ 페이스트리

□ **पफ़** 빠프 퍼프 (인도식 파이)

□ **शरबत** 샤르밧 시럽

□ **क़ुल्फ़ी** 꿀피- ⓕ 꿀피 (인도식 아이스크림)

□ **मिठाई** 미타-이- ⓕ 미타이 (인도식 당과)

□ **लस्सी** 랏씨- ⓕ 라씨 (인도식 요거트 음료)

A: पापा, घर आते समय मेरे लिए केक ले आइए ।

빠-빠-, 가^{h}르 아-떼 사마에 메레 리에 께끄 레 아-이에

아빠, 집에 올 때 케이크 좀 사다 주세요.

B: अच्छा, कौन-सा केक ?

앗차-, 꼬운사- 께끄?

그래, 무슨 케이크?

A: मैं स्पंज केक खाना चाहता/*चाहती हूँ ।

매~ 스빤즈 께끄 카-나- 짜-흐따-/*짜-흐띠- 홍-~

스펀지 케이크가 먹고 싶어요.

복습문제 अभ्यास

1 다음 그림과 단어를 연결해 보세요.

क्लर्क/ बिक्री सहायक　　सिक्का　　ग्राहक　　ख़ज़ांची/ कैशियर　　नोट

2 다음 보기에서 단어를 골라 빈칸에 써넣어 보세요.

a) रसोई उपकरण　सौंदर्य प्रसाधन　लेखन-सामग्री/ स्टेशनरी
घरेलू विद्युत उपकरण

b) नमक　पेय　रोटी/ ब्रेड　आटा

a) 문구 ________　주방용품 ________

가전제품 ________　화장품 ________

b) 통밀가루 ________　소금 ________

음료수 ________　빵 ________

3 다음 단어를 힌디어 혹은 우리말로 고쳐 보세요.

a) 스웨터 ________　पैंट ________

반바지 ________　वास्कट ________

단추 ________

b) स्कर्ट ____________ 스카프 ____________

बुंदे ____________ 목걸이 ____________

क़मीज़ ____________

C) 운동화 ____________ बेल्ट/ पेटी ____________

장갑 ____________ टाई ____________

양말 ____________

d) 향수 ____________ 화장하다 ____________

फ़ाउंडेशन ____________ 립스틱 ____________

볼터치 ____________

4 다음 빈칸에 알맞은 힌디어를 써넣어 보세요.

a) 리모컨은 어디 있니?

____________ कहाँ है ?

b) 대부분의 여자들은 보석을 좋아한다.

अधिकांश महिलाओं को ____________ पसंद आता है ।

c) 나는 그녀의 수정 같은 눈을 사랑한다.

मुझे उसकी ____________ जैसी आँखें बहुत पसंद है ।

d) 아내는 내 생일 케이크를 만들었다.

मेरी पत्नी ने मेरे लिए ____________ बनाया है ।

e) 어린이는 사탕을 좋아한다. बच्चे ____________ पसंद करते हैं ।

정답

1 계산원 – ख़ज़ांची/ कैशियर 점원 – क्लर्क/ बिक्री सहायक 고객 – ग्राहक
동전 – सिक्का 지폐 – नोट

2 a) लेखन-सामग्री/ स्टेशनरी रसोई उपकरण घरेलू विद्युत उपकरण सौंदर्य प्रसाधन
b) आटा नमक पेय रोटी/ ब्रेड

3 a) स्वेटर 바지 घुटन्ना 조끼 बटन
b) 치마 दुपट्टा 귀걸이 हार 블라우스, 셔츠
c) ट्रेनर्स 벨트 दस्ताने 넥타이 मोज़े
d) इत्र मेकअप करना 파운데이션 लिपस्टिक ब्लशर

4 a) दूरनियंत्रक/ रिमोट कंट्रोलर b) रत्न c) स्फटिक/ क्रिस्टले d) जन्मदिन का केक e) टॉफ़ी

THEMATIC HINDI WORDS

Theme 9

→ खेलकूद 켈꾸-드 스포츠, रुचि 루찌 ⓕ 취미

खेलकूद 켈꾸-드 스포츠

व्यक्तिगत खेलकूद 박띠가뜨 켈꾸-드 개인 스포츠

□ बोलिंग 볼링
볼링

□ गोल्फ़ 골프
골프

□ टेनिस 떼니스
테니스

□ मुक्केबाज़ी 묵께바-지- ⓕ / बॉक्सिंग 벅씽 권투

□ लहरबाज़ी 레헤르바-지- ⓕ / सर्फ़िंग 사르핑 서핑

सर्फ़िंग एक लोकप्रिय खेल बन गया है ।
사르핑 에끄 로끄쁘리여 켈 반 가야- 해
서핑은 대중적인 스포츠가 되었다.

□ रोलर स्केटिंग 롤라르 스께띵
롤러스케이팅
वह रोलर स्केटिंग का आनंद लेता है ।
베헤 롤라르 스께띵 까- 아-난드 레따- 해
그는 롤러스케이팅을 즐긴다.

□ मत्स्य पालन
맛쌰 빨-란 낚시

관련 단어

- □ स्केटिंग 스께띵 스케이팅
- □ साइकिलिंग 사-이낄링 사이클링
- □ घुड़सवारी 구르사와-리- ⓕ 승마
- □ जॉगिंग 저깅 조깅
- □ स्केटबोर्डिंग 스께뜨보르딩 스케이트보드
- □ स्कीबाज़ी 스끼-바-지- ⓕ 스키
- □ स्नोबोर्डिंग 스노보르딩 스노보딩
- □ स्काइडाइविंग 스까-이다-이빙 스카이다이빙
- □ स्कूबा डाइविंग 스꾸-바- 다-이빙 스쿠버다이빙
- □ तैराकी 때라-끼- ⓕ 수영

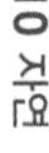

- □ **पर्वतारोहण** 빠르와따-로한 등산
- □ **पदयात्रा** 빠드야-뜨라- ⓕ 하이킹
- □ **दौड़** 도우르 경주, 달리기

- □ **स्वर्ण पदक** 스와른 빠닥 금메달
- □ **रजत पदक** 라자뜨 빠닥 은메달
- □ **कांस्य पदक** 깐-쌰 빠닥 동메달

A: **मैंने कल हिन्दी फ़िल्म 'दंगल' देखी ।**
매~네 깔 힌디- 필름 '당갈' 데키-
나 어제 힌디어 영화 '당갈'을 봤어.

B: **अच्छा? सुना है कि वह फ़िल्म एक सच्ची घटना पर आधारित है ।**
앗차-? 수나- 헤 끼 베헤 필름 에끄 삿찌- 가ʰ뜨나- 빠르 아-다ʰ-리뜨 헤
그래? 그거 실화를 바탕으로 한 영화라던데.

A: **हाँ, वह कहानी एक भारतीय महिला पहलवान की है जिसने पहली बार भारत के लिए राष्ट्रमंडल खेलों में स्वर्ण पदक जीता था।**
항-~, 베헤 까하-니- 에끄 바ʰ-르띠-에 마힐라- 뻬헬완- 끼- 해 지스네 뻬흘리- 바-르 바ʰ-라뜨 께 리에 라-슈뜨러만달 켈롱~ 메~ 스와른 빠닥 지-따- 타-. 스와른 빠닥 비제따- 해
응, 인도 최초로 국제 경기에서 금메달을 딴 한 여성 레슬링 선수의 이야기야.

सामूहिक खेलकूद 사-무-히끄 켈꾸-드
단체 스포츠

□ **बेसबॉल** 베스벌 야구

बेसबॉल सबसे अमेरिकी खेल है ।

베스벌 삽쎄 아메리끼- 켈 해

야구는 가장 미국적인 스포츠이다.

□ **फुटबॉल** 풋벌 축구

देश के सब लोगों को फुटबॉल पसंद है ।

데슈 께 삽 로공˜ 꼬 풋벌 빠산드 해

축구는 국민 모두가 좋아한다.

□ **बास्केटबॉल**

바-스껫벌 농구

□ **वॉलीबॉल**

월리-벌 배구

□ **राफ्टिंग**

라-프띵 래프팅

Unit 01 खेलकूद ▶▶▶

관련 단어

- □ खिलाड़ी 킬라-리- 선수
- □ बल्लेबाज़ 발레바-즈 타자
- □ गेंदबाज़ 겐드바-즈 / पिचर 삐짜르 투수
- □ क्रिकेट 끄리껫 ⓕ 크리켓
- □ कबड्डी 까밧디- ⓕ 카바디
- □ टेबल टेनिस 떼벌 떼니스 탁구

- □ व्यायाम उपकरण 뱌-얌- 우뻐까란 운동 기구
- □ गेंद 겐드 ⓕ 공
- □ गेंद फेंकना 겐드 ⓕ 펭끄나- 공을 던지다
- □ बल्ला 발라- 라켓, 야구 배트
- □ हेलमेट 헬멧 헬멧
- □ मुखौटा 무코우따- 마스크
- □ दस्ताना 다스따-나- 글러브
- □ स्केट 스께뜨 스케이트
- □ गोल्फ़ की छड़ 골프 끼- 차르 ⓕ 골프채

□ मछली पकड़ने की छड़ी 마출리- ⓕ 빠까르네 끼- 차리- ⓕ 낚싯대

□ चारा 짜-라- 미끼, 낚싯밥

□ विराम घड़ी 비람- 가ʰ리- ⓕ 스톱워치

□ ग़ोताख़ोर की पोशाक 고따-코르 끼- 뽀샤- ⓕ 잠수복

□ फ़्लिपर्स 플리빠르스 물갈퀴, 오리발

तरणताल 따란딸- 수영장

□ तैराकी 때라-끼- ⓕ 수영

□ तैरना 때르나- 수영하다

□ डाइव मारना 다-이브 마-르나- 다이빙하다

□ स्प्रिंग बोर्ड 스쁘링 보르드 다이빙대

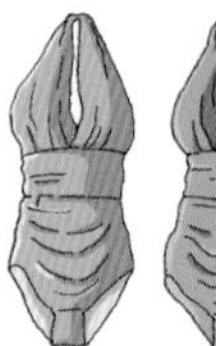

□ स्ट्रेचिंग 스뜨레찡 스트레칭

□ स्विमसूट 스윔수-뜨 수영복

आह, मैं अपना स्विमसूट लाना भूल गया/*गयी !

아-, 메ˇ 아쁘나- 스윔수-뜨 라-나- 불ʰ 가야-/*가이-!

이런, 수영복을 안 가져왔네!

□ ट्यूब 뜌-브 튜브

□ तैराकी चश्मा 때라-끼- ⓕ 짜슈마- 물안경

관련 단어

- □ **खुली तैराकी** 쿨리- 때라-끼- ⓕ / **फ्रंट क्रॉल** 프란뜨 끄럴
  자유형
- □ **छाती के बल तैराकी** 차-띠- ⓕ 께 발 때라-끼- ⓕ /
  ब्रेस्ट स्ट्रोक 브레스뜨 스뜨로끄 평영
- □ **बटरफ़्लाई** 바따르플라-이- 접영
- □ **चित्त तैराकी** 찟뜨 때라-끼- ⓕ / **बैक स्ट्रोक** 백 스뜨로끄 배영
- □ **लाइफ़ गार्ड** 라-이프 가-르드 안전 요원
- □ **लाइफ़ जैकेट** 라-이프 재껫 구명조끼
- □ **ऐंठन** 앤탄 ⓕ 쥐, 경련
- □ **वाटर स्लाइड** 와-따르 슬라-이드 미끄럼틀
- □ **लेन** 렌 (수영장의) 레인
- □ **टोपी** 또삐- ⓕ 수영 모자

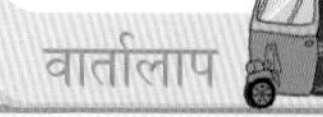

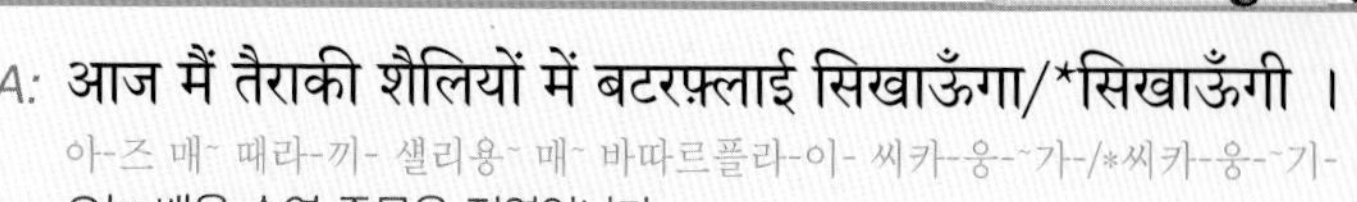

A: आज मैं तैराकी शैलियों में बटरफ़्लाई सिखाऊँगा/*सिखाऊँगी ।
아-즈 매~ 때라-끼- 샐리용~ 매~ 바따르플라-이- 씨카-웅-~가-/*씨카-웅-~기-
오늘 배울 수영 종목은 접영입니다.

B: मुश्किल नहीं है? मैं अभी फ्रंट क्रॉल भी ठीक प्रकार से नहीं कर सकता/*सकती ।
무슈낄 나힝-~ 해? 매~ 아비ʰ- 프란뜨 끄럴 비ʰ- 틱- 쁘라까-르 쎄 나힝-~ 까르 사끄따-/*사끄띠-
어렵지 않나요? 아직 자유형도 제대로 못하는데요.

जिम 짐 헬스클럽

□ ट्रेडमिल 뜨레드밀 러닝머신

□ व्यायाम साइकिल 뱌-얌- 사-이낄 ⓕ 사이클론

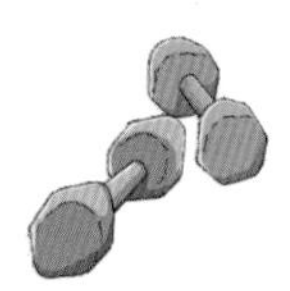

□ वज़न छड़ 바잔 차르 ⓕ 역기

□ डंब बेल 담 벨 아령

□ (निज़ी) प्रशिक्षक (니지-) 쁘라식샥
(개인) 코치, 트레이너

हमारी टीम का प्रशिक्षक बहुत सख़्त आदमी है ।
하마-리- 띰- 까- 쁘라식샥 바훗 사크뜨 아-드미- 헤
우리 팀의 코치는 아주 엄격하다.

□ पुल-अप 뿔압 턱걸이

मेरा छोटा भाई एक ही पुल-अप भी कर नहीं पाता ।
메라- 초따- 바h-이- 에끄 히 - 뿔압 비h- 까르 나힝-ˇ 빠-따-
내 남동생은 턱걸이를 한번도 못한다.

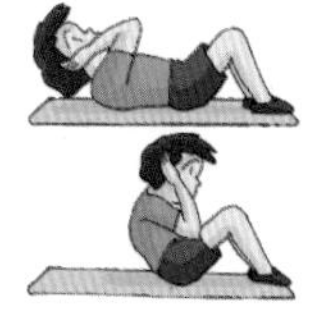

□ **प्रेस-अप** 쁘레스압 팔굽혀펴기 □ **सिट-अप** 싯압 윗몸일으키기

관련 단어

□ **व्यायाम** 뱌-얌- / **कसरत** 까스라뜨 운동

□ **मांसपेशियाँ गरमाना** 만-스뻬시양-~ ⓕ 가르마-나-
준비 운동을 하다

□ **भार प्रशिक्षण** 바h-르 쁘라식샨 근력 트레이닝

□ **एरोबिक** 에로빅 에어로빅

□ **रस्सी कूद** 랏씨- 꾸-드 ⓕ 줄넘기

□ **मांसपेशी** 만-스뻬시- ⓕ 근육

A: **हम साथ व्यायाम करने जिम में चलें ?**
함 사-트 뱌-얌- 까르네 짐 메~ 짤렝~?
우리 같이 헬스클럽에 다닐래?

B: **थकाऊ काम हो जाएगा, तुम ही चलो ।**
타까-우- 깜- 호 자-에가-, 뚬 히- 짤로
피곤할 거 같아, 너나 다녀.

शौक़ 쇼우끄 / रुचि 루찌 ⓕ 취미

□ पढ़ाई 빠라h-이- ⓕ 독서

इस बच्चे का मन पढ़ाई में लगा हुआ है ।

이스 밧쩨 까- 만 빠라h-이- 메~ 라가- 후아- 해

어린아이가 독서를 참 좋아하는구나.

□ खगोलीय अवलोकन

카골리-에 아블로깐

천체 관측

□ मॉडलिंग

머들링 모형 제작

□ ओरिगामी

오리가-미-

종이접기

□ कढ़ाई

까라h-이- ⓕ

자수

□ बुनाई 부나-이- ⓕ 뜨개질

मेरे लिए बुनाई बहुत कठिन है ।

메레 리에 부나-이- 바훗 까틴 해

내게는 뜨개질이 정말 어렵다.

□ मृदभांड 므리드반h-드 도예

관련 단어

- □ सिलाई 씰라-이- ⓕ 바느질
- □ फ़ोटो खींचना 포또 킹-~쯔나- 사진 촬영
- □ शिल्प 실쁘 공예
- □ पाक-क्रिया 빠-끄 끄리야- ⓕ 요리
- □ सुलेखन 술레칸 서예
- □ चित्रकारी 찌뜨러까-리- ⓕ 그림 그리기
- □ मूर्तिकला 무-르띠깔라- ⓕ 조각
- □ काष्ठकला 까-슈트깔라- ⓕ 목공
- □ शतरंज 샤뜨란즈 체스

A: आपको किस चीज़ का शौक़ है ?
압-꼬 끼스 찌-즈 까- 쇼우끄 해?
취미가 뭐예요?

B: मैं फ़ोटो खींचने का/*की शौक़ीन हूँ ।
매~ 포또 킹-~쯔네 까-/*끼- 쇼우낀 홍-~
사진 찍는 걸 좋아해요.

A: बहुत अच्छा शौक़ है !
바홋 앗차- 쇼우끄 해!
좋은 취미를 가지셨네요!

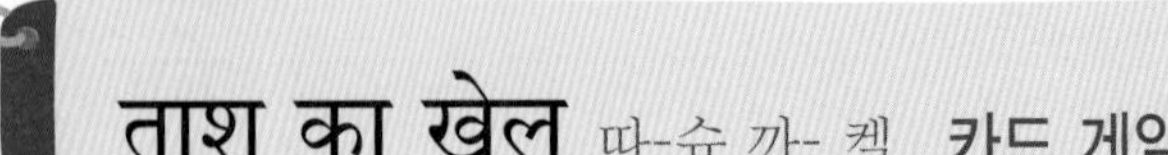

ताश का खेल 따-슈 까- 켈 카드 게임

□ **इक्का** 익까- 에이스(A)

लगता है कि उसके पास इक्का (पत्ता) हो ।

라그따- 해 끼 우스께 빠-스 익까- (빳따-) 호

그는 에이스를 가지고 있는 것 같다.

□ **बादशाह** 바-드샤-ㅎ

킹(K)

□ **बेगम** 베감

퀸(Q)

□ **ग़ुलाम** 굴람-

잭(J)

□ **जोकर** 조까르

조커(JOKER)

□ **ईंट** 인뜨

다이아몬드(◆)

□ **हुकुम** 후꿈

스페이드(♠)

□ **पान** 빤-

하트(♥)

□ **चिड़ी** 찌리-

클로버(♣)

관련 단어

- □ ताश 따-슈 트럼프
- □ ताश की गड्डी 따-슈 끼- 갓디- ⓕ 카드 한 벌
- □ ताश फेंटना 따-슈 펜뜨나- (카드를) 섞다
- □ चाल 짤- ⓕ 두기(둘 차례), 수
- □ जीतना 지-뜨나- 이기다
- □ हारना 하-르나- 지다
- □ शर्त लगाना 샤르뜨 ⓕ 라가-나- 내기하다
- □ पासे का खेल 빠-쎄 까- 켈 주사위 게임

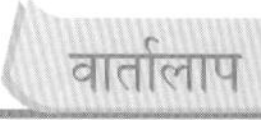

A: हम ताश खेलें ।
함 따-슈 켈렝~
우리 카드 게임하자.

B: मुझे खेलने का तरीका मालूम नहीं ।
무제ʰ 켈르네 까- 따리-까- 말-룸- 나힝-~
난 못 하는데.

A: बहुत ही आसान है । मैं सिखाऊँगा/*सिखाऊँगी ।
바훗 히- 아-산- 해. 매~ 씨카-옹-~가-/*씨-카-옹-~기-
아주 쉬워. 내가 가르쳐줄게.

यात्रा 야-뜨라- ⓕ 여행

□ **पर्यटक** 빠럐딱 관광객

अधिकांश पर्यटक इस ऐतिहासिक स्थल में आते हैं ।
아디ʰ깐슈 빠랴딱 이스 애띠하-씩 스탈 메~ 아-떼 행~
대부분의 관광객들은 이 유적지를 찾는다.

□ **पर्यटन करना**
빠랴딴 까르나- 관광하다

□ **रात्रि पर्यटन** 라-뜨리 ⓕ 빠랴딴
야간 관광

□ **अवलोकन डेक**
아블로깐 데끄 전망대

□ **सुविनियर** 수비니야르 기념품

यह सुविनियर तुम्हारे लिए लिया है ।
예헤 수비니야르 뚬하-레 리에 리야- 해
이 기념품은 너 주려고 사온 거야.

관련 단어

- □ ट्रैवल एजेंसी 뜨래블 에젠씨- ⓕ 여행사
- □ आरक्षण 아-락샨 예약
- □ छुट्टी 춧띠- ⓕ 휴가
- □ पर्यटन गाइड 빠랴딴 가-이드 가이드, 관광 안내원
- □ पर्यटक सूचना केंद्र 빠랴딱 수-쯔나- ⓕ 껜드러 관광안내소
- □ प्रवेश शुल्क 쁘라베슈 슐끄 입장료
- □ नक़्शा 낙샤- 지도
- □ एक दिन की यात्रा 에끄 딘 끼- 야-뜨라- ⓕ 당일 여행
- □ समूह पर्यटन 사무-흐 빠랴딴 단체 여행
- □ बैकपैकिंग 백빼낑 배낭 여행
- □ विदेशी यात्रा 비데시- 야-뜨라- ⓕ 해외 여행
- □ क्रूज यात्रा 끄루-즈 야-뜨라- ⓕ 크루즈 여행
- □ समुद्री बीमारी 사무드리- 비-마-리- ⓕ / मितली 미뜰리- ⓕ 뱃멀미
- □ पर्यटन बस 빠랴딴 바스 ⓕ 관광 버스
- □ अवशेष 아브셰슈 / खंडहर 칸드하르 유적

□ **स्मारक** 스마-라끄 (건물 · 동상 등의) 기념물

□ **संग्रहालय** 상그라할-라에 박물관

□ **ख़ाली समय** 칼-리- 사마에 자유 시간

A: **इस शनिवार से मेरी छुट्टी है । हम साथ यात्रा पर चलें ?**
이스 샤니와-르 쎄 메리- 춧띠- 해. 함 사-트 야-뜨라- 빠르 찰렝~?
나 토요일부터 휴가야. 같이 여행 가지 않을래?

B: **सॉरी, मैं अपने परिवार के साथ जाने के लिए एजेंसी से आरक्षण की बात कर चुका/*चुकी हूँ ।**
소리-, 매~ 아쁘네 빠리와-르 께 사-트 자-네 께 리에 에젠씨- 쎄 아-륵샨 끼- 바-뜨 까르 쭈까-/*쭈끼- 훙-~
미안, 벌써 가족이랑 가려고 여행사에 예약했어.

धूपसेवन 두h-쁘쎄반 일광욕

❶ **धूप का चश्मा** 두h-쁘 까- 짜슈마- 선글라스

❷ **समुद्र तट छतरी** 사무드러 따뜨 차뜨리- ⓕ 비치파라솔

❸ **बिकनी** 비끄니- ⓕ 비키니

□ **सनस्क्रीन** 산스끄린-
자외선 차단 크림

□ **लहर** 레헤르 ⓕ / **तरंग** 따랑그 ⓕ 파도

लहरों की आवाज संगीत की तरह सुनाई देती है ।
레헤롱ˇ 끼- 아-와-즈 상기-뜨 끼- 따라ㅎ 수나-이- 데띠- 해
파도 소리가 노래처럼 들린다.

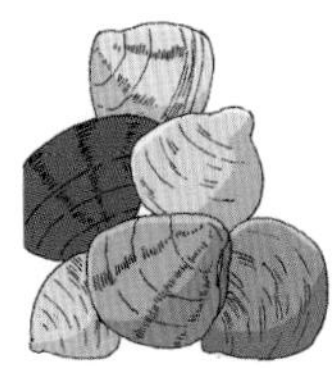

□ **सीप** 씹- ⓕ / **सीपी** 씨-삐- ⓕ 조개

उफ़ ! मैंने एक सीपी पर क़दम रखा ।
우프! 매ˇ네 에끄 씨-삐- 빠르 까담 라카-
아야! 조개 껍질을 밟았어.

Unit 07 धूपसेवन ▶▶▶

관련 단어

- □ समुद्र 사무드러 / सागर 사-가르 바다
- □ समुद्र तट 사무드러 따뜨 해변
- □ सूरज 수-라즈 / सूर्या 수-랴- 해, 태양
- □ बालू 발-루- / रेत 레뜨 모래
- □ घोमड़ा 고ʰ므라- 갈매기
- □ सूर्योदय 수-료다에 일출
- □ सूर्यास्त 수-랴-스뜨 일몰
- □ सनटैन तेल 산땐 뗄 선탠오일

वार्तालाप

A: धूप से मेरी त्वचा झुलस गई । पीड़ित हूँ ।
두ʰ-쁘 쎄 메리- 뜨와짜- 줄ʰ라스 가이-. 삐-리뜨 훙-~
나 햇빛에 피부가 너무 많이 탔나 봐. 아프다.

B: बस अब अंदर चलें ?
바스 압 안다르 짤렝~?
그만 안으로 들어갈까?

A: हाँ, अंदर जाकर खीरे का फेसपैक लगाना होगा ।
항-~, 안다르 자-까르 키-레 까 페스빽 라가-나- 호가-
그래. 들어가서 오이팩 좀 해야겠어.

टेलिविजन 뗄리비잔 텔레비전

□ टीवी चैनल
띠-비- 째날 텔레비전 채널

□ टिप्पणीकार 땹뻐니-까-르
해설자

□ प्रस्तुतकर्ता 쁘라스뚜뜨까르따-
사회자

□ सीधा प्रसारण
씨-다h- 쁘라사-란 생중계

□ हास्य अभिनेता
하-쌰 아비h네따- 개그맨, 희극배우

□ विज्ञापन 비갸-빤 광고

कष्टप्रद है, विज्ञापन इतना ज़्यादा क्यों दिखलाई देते हैं ?
까슈뜨쁘라드 해, 비갸-빤 이뜨나- 쟈-다- 꽁~ 디클라-이- 데떼 행~?
짜증나, 광고는 왜 이렇게 많아?

Unit 08 टेलिविजन ▶▶▶

관련 단어

- □ संचार माध्यम 산짜-르 마-댬^{h} / मीडिया 미-디야- 매스컴
- □ समाचार 사마-짜-르 / ख़बर 카바르 ⓕ 뉴스
- □ ताज़ा ख़बर 따-자- 카바르 ⓕ 속보
- □ सनसनीखेज ख़बर 산사니-케즈 카바르 ⓕ 특종 뉴스
- □ समाचार वाचक 사마-짜-르 와-짝 캐스터
- □ पत्रकार 빠뜨러까-르 리포터
- □ दर्शक 다르샤끄 시청자
- □ कार्यक्रम 까-려끄람 프로그램
- □ निर्देशक 니르데샥 프로듀서, PD
- □ प्राइम टाइम 쁘라-임 따-임 황금시간대
- □ आवाज अभिनेता 아-와-즈 아비^{h}네따- 성우
- □ आवाज अभिनेता 아-와-즈 아비^{h}네뜨리- ⓕ 여자성우
- □ गायक 가-약 가수
- □ गायिका 가-이까- ⓕ 여가수
- □ टी.वी. सीरियल 띠-.비-. 씨-리얄 /
  टी.वी. नाटक 띠-.비-. 나-딱 드라마, 연속극

□ प्रसारित करना 쁘라사-리뜨 까르나- 방송하다

□ पुनर्प्रसारण 뿌나르쁘라사-란 재방송

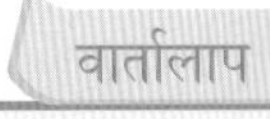

A: टी.वी. सीरियल का समय हुआ है । चैनल बदल लो ।

띠-.비-. 씨-리얄 까- 사마에 후아- 해. 째날 바달 로

드라마 할 시간이구나. 채널 좀 돌려봐.

B: नहीं माँ, मुझे बेसबॉल मैच देखना है ।

나힝-~ 망-~, 무제[h] 베스벌 매쯔 데크나- 해

안 돼요, 엄마, 야구 봐야 돼요.

सिनेमा 씨네마- / फ़िल्म 필름 ⓕ 영화

❶ पर्दा 빠르다- / स्क्रीन 스끄린- 영화 스크린

❷ सीट 씨-뜨 ⓕ 좌석

❸ दर्शक 다르샤끄 관객

❹ पॉपकॉर्न 뻡꺼른 팝콘

□ टिकटघर 띠깟가ʰ르 매표소

टिकटघर के सामने इतनी लंबी लाइन क्यों लगी है ?

띠깟가ʰ르 께 삼-네 이뜨니- 람비- 라-인 꾱- 라기- 해 ?

매표소 앞에 웬 줄이 저렇게 길지?

□ नायक 나-약 남자 주인공

□ नायिका 나-이까- ⓕ

여자 주인공

□ निर्देशक 니르데샥 감독

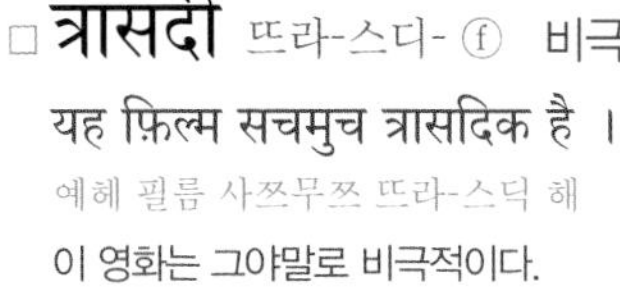

□ **त्रासदी** 뜨라-스디- ⓕ 비극

यह फ़िल्म सचमुच त्रासदिक है ।

예헤 필름 사쯔무쯔 뜨라-스딕 해

이 영화는 그야말로 비극적이다.

□ **कैंटीन**

깬띤- ⓕ 매점

관련 단어

□ **अभिनेता** 아비ʰ네따- 배우

□ **अभिनेत्री** 아비ʰ네뜨리- ⓕ 여배우

□ **सिनेमा घर** 씨네마- 가ʰ르 영화관

□ **पात्र** 빠-뜨러 배역, 역할

□ **विधा** 비다ʰ- ⓕ 장르

□ **बॉलीवुड फ़िल्म** 벌리-우드 필름 ⓕ 볼리우드 영화

□ **डरावनी फ़िल्म** 다라-우니- 필름 ⓕ 공포 영화

□ **सस्पेंस थ्रिलर फ़िल्म** 서스뻰스 트릴라르 필름 ⓕ 스릴러 영화

□ **रोमांस फ़िल्म** 로만-스 필름 ⓕ 로맨스 영화

- □ **कॉमेडी फ़िल्म** 꺼메디- 필름 ⓕ 코믹 영화
- □ **ऐनिमेटेड फ़िल्म** 애니메떼드 필름 ⓕ 만화영화
- □ **एक्शन फ़िल्म** 엑샨 필름 ⓕ 액션 영화
- □ **विज्ञान कथा फ़िल्म** 비갼- 까타- ⓕ 필름 ⓕ 공상 과학 영화
- □ **हिन्दी डब फ़िल्म** 힌디- ⓕ 답 필름 ⓕ 힌디어로 더빙된 영화
- □ **उपशीर्षक** 우쁘시-르샤끄 자막

A: हम फ़िल्म देखने चलें ।
함 필름 데크네 짤렝~
우리 영화 보러 가자.

B: कोई डरावनी फिल्म तो रिलीज हुई है क्या ?
꼬이- 다라-우니- 필름 또 릴리-즈 후이- 헤 꺄-?
뭐 공포영화 개봉했니?

A: नहीं, मैं एक रोमांस-कॉमेडी फिल्म देखता/*देखती हूँ...
나힝-~, 메~ 에끄 로만-스꺼메디- 필름 데크따/*데크띠- 홍-~…
아니, 난 코믹 영화 볼 거야….

인도 문화 엿보기 | 볼리우드 영화

볼리우드(Bollywood)로 잘 알려진 인도의 영화산업은 거대한 시장과 자본으로 세계 2,·3위를 다투는 규모를 자랑합니다. 특히 자국 영화 상영비율 90%라는 높은 점유율을 특징으로 인도의 영화시장은 해를 거듭할수록 성장하고 있습니다. 볼리우드 영화는 인도인들이 가장 사랑하는 여가 문화입니다.

오늘날에는 기존의 단일상영관에서 복합상영관으로 대체되는 추세이며, IMAX 상영관, 4D플렉스 상영관 등을 운영하고 있습니다. 인도의 영화관은 좌석별로 가격이 다르며, 보안검색을 거치고 가방 등의 소지품을 맡긴 뒤 입장해야 합니다. '마살라 필름(Masala Film)'이라는 고유의 장르로 잘 알려진 볼리우드 영화는 보통 3시간이 넘어갑니다. 긴 상영시간 때문에 중간에 휴식시간(intermission)이 주어집니다. 대부분의 볼리우드 영화는 힌디어 혹은 힝글리시(Hinglish)로 만들어지며, 지역에 따라 해당 지역어로 더빙 후 상영되는 것이 일반적입니다.

वादन 와-단 / कॉन्सर्ट 껀사르뜨 연주회

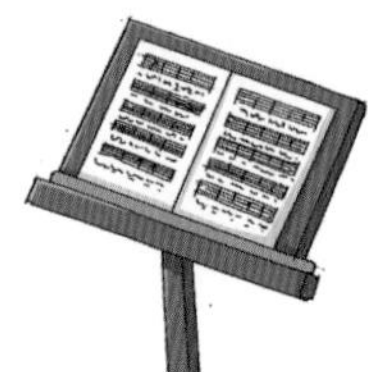

□ वाद्यवृंद 와-더브린드
관현악단

□ स्वरलिपि 스와르리삐 ⓕ
악보

□ कंडक्टर 깐닥따르 / संचलाक 산쫄라-끄
지휘자

□ छड़ी 차리- ⓕ 지휘봉

□ मंच 만쯔 지휘대

□ वायलिन
와-얄린 바이올린

□ चेलो
쩰로 첼로

□ ट्रॉमबोन
뜨럼본 트롬본

□ ट्रंपेट
뜨람뻬뜨 트럼펫

□ पियानो 삐야-노 피아노
□ पियानोवादक 삐야-노와-닥 피아니스트

□ ड्रम 드람 드럼
□ ड्रमर 드라마르 드러머

□ गिटार 기따-르 기타
□ गिटारवादक 기따-르와-닥 기타리스트

관련 단어

□ संगीतकार 상기-뜨까-르 음악가, 뮤지션

□ वादक 와-닥 연주자

□ वाद्य यंत्र 와-뎌 얀뜨러 악기

□ तंत्री वाद्य 딴뜨리- 와-뎌 현악

□ ताल वाद्य 딸- 와-뎌 타악

□ चौकड़ी 쪼우끄리- ⓕ 사중주

□ तबला 따블라- 따블라 (두 개의 작은 북으로 구성된 타악기)

- □ **सितार** 씨따-르 씨따르 (전통 현악기)
- □ **सारंगी** 사-릉기- ⓕ 사랑기 (활로 연주하는 전통 현악기)
- □ **सरोद** 사로드 사로드 (금속 플랫으로 줄을 튕겨 연주하는 전통 현악기)
- □ **बाँसुरी** 방-~수리- ⓕ 반수리 (피리와 비슷한 전통 취주악기)
- □ **शहनाई** 셰흐나-이- ⓕ 셰흐나이 (태평소와 비슷한 전통 관악기)
- □ **हारमोनियम** 하-르모니얌 풍금

A: **वाह, अत्यंत ही प्रशंसनीय कॉन्सर्ट था ।**
와-, 아땬뜨 히- 쁘라샨스니-에 껀사르뜨 타-
와, 정말 감탄할 만한 공연이었어.

B: **हाँ, तबला वादक की शैली सचमुच चमत्कारी थी ।**
항-~, 따블라- 와-닥 끼- 샐리- 사쯔무쯔 짜마뜨까-리- 티-
그렇지, 따블라 연주자 실력이 정말 경이롭더라.

A: **बाँसुरी वादन भी प्रभावशाली था न ?**
방-~수리- 와-단 비ʰ- 쁘라바ʰ-우샬-리- 타- 나?
반수리 연주도 인상 깊었잖아.

मनोरंजन पार्क 마노란잔 빠-르끄 놀이공원

□ चिड़ियाघर
찌리야-가ʰ르 동물원

□ चर्खी-झूला 짜르키-줄ʰ-라- /
फ़ेरिस व्हील 페리스 휠- 회전 관람차
हम उस चर्खी-झूले की सवारी करें ?
함 우스 짜르키-줄ʰ-레 끼- 사와-리- 까렝-?
우리 회전 관람차 타볼까?

□ हिंडोला 힌돌라-
회전 목마

□ रोलर कोस्टर
롤라르 꼬스따르
롤러코스터

□ कैंटीन 깬띤- ⓕ
매점

□ बुढ़िया के बाल 부리ʰ야- 께 발- /
गुड़िया के बाल 구리야- 께 발- 솜사탕
माँ, मैं गुड़िया के बाल खाना चाहता/*चाहती हूँ ।
망-ˇ, 매ˇ 구리야- 께 발- 카-나- 짜-흐따-/*짜-흐띠- 훙-ˇ
엄마, 나 솜사탕 먹고 싶어.

□ गुब्बारा 굽바-라- 풍선

□ विदूषक 비두-샤끄 어릿광대

उधर नाचते हुए विदूषक को देखो ।

우다ʰ르 나-쯔떼 후에 비두-샤끄 꼬 데코

저기 춤추는 어릿광대를 봐.

관련 단어

□ वनस्पति उद्यान 바나스빠띠 우댠- 식물원

□ जल पार्क 잘 빠-르끄 워터파크

□ झूला 줄ʰ-라- 놀이기구

□ केबल कार 께블 까-르 ⓕ 케이블카

□ फिसल पट्टी 피살 빳띠- ⓕ 미끄럼틀

□ पूछताछ (केंद्र) 뿌-츠따-츠 ⓕ (껜드러) 안내소

□ जलपान 잘빤- 스낵

□ प्रवेश 쁘라베슈 입구

□ निकास 니까-스 출구

복습문제 अभ्यास

1 다음 단어를 힌디어 혹은 우리말로 고쳐 보세요 .

a) 볼링 ____________ तैराकी ____________

낚시 ____________ टेबल टेनिस ____________

b) फ़ुटबॉल ____________ 야구 ____________

बास्केटबॉल ____________ 배구 ____________

c) 라켓, 야구 배트 ____________ हेलमेट ____________

गेंद ____________ 마스크 ____________

d) 자유형 ____________ 튜브 ____________

तैराकी चश्मा ____________ 수영복 ____________

스트레칭 ____________

2 다음 보기에서 단어를 골라 빈칸에 써넣어 보세요.

a) प्रेस-अप　　पुल-अप　　सिट-अप　　ट्रेडमिल　　वज़न छड़
b) मृदभांड　　बुनाई　　पाक-क्रिया　　कढ़ाई　　पढ़ाई
c) ताश फेंटना　　ताश　　हारना　　जीतना　　शर्त लगाना

a) 턱걸이 ____________ 윗몸일으키기 ____________

러닝머신 ____________ 팔굽혀펴기 ____________

역기 ____________

b) 뜨개질 ____________ 요리 ____________

자수 ____________ 독서 ____________

도예 ____________

c) 내기하다 ____________ 이기다 ____________

지다 ____________ 트럼프 ____________

(카드를) 섞다 ____________

3 **다음 그림과 단어를 연결해 보세요.**

पर्यटन करना   पर्यटक   रात्रि पर्यटन   अवलोकन डेक

4 **다음 단어를 힌디어 혹은 우리말로 고쳐 보세요.**

a) 내가 가장 좋아하는 인도 희극배우는 조니 워커다.

मेरा पसंदीदा भारतीय ____________ जॉनी वॉकर है ।

b) TV 광고는 상당히 효과적이다.

____________ काफ़ी प्रभावी होता है ।

c) 나는 액션 영화를 좋아한다.

मुझे ____________ अच्छी लगती है ।

d) 요즘은 영화를 DVD로 본다.

आजकल डीवीडी के माध्यम से ____________ देखते हैं ।

5 다음 단어를 힌디어 혹은 우리말로 고쳐 보세요.

a) 바이올린 ______________ कंडक्टर/ संचालक ______________

기타 ______________ पियानो ______________

स्वरलिपि ______________

b) गुब्बारा ______________ 동물원 ______________

솜사탕 ______________ विदूषक ______________

हिंडोला ______________

1 a) बोलिंग 수영 मत्स्य पालन 탁구

b) 축구 बेसबॉल 농구 वॉलीबॉल

c) बल्ला 헬멧 공 मुखौटा

d) खुली तैराकी/ फ्रंट क्रॉल ट्यूब 물안경 स्विमसूट स्ट्रेचिंग

2 a) 턱걸이 पुल-अप 윗몸 일으키기 सिट-अप 러닝머신 ट्रेडमिल

팔굽혀 펴기 प्रेस-अप 역기 वज़न छड़

b) 뜨개질 बुनाई 요리 पाक-क्रिया 자수 कढ़ाई 독서 पढ़ाई 도예 मृदभांड

c) 내기하다 शर्त लगाना 이기다 जीतना 지다 हारना 트럼프 ताश

(카드를) 섞다 ताश फेंटना

3 야간 관광 – रात्रि पर्यटन 전망대 – अवलोकन डेक 관광객 – पर्यटक

관광하다 – पर्यटन करना

4 a) हास्य अभिनेता b) टी.वी. विज्ञापन c) एक्शन फ़िल्म d) फ़िल्म

5 a) वायलिन 지휘자 गिटार 피아노 악보

b) 풍선 चिड़ियाघर बुढ़िया के बाल/ गुड़िया के बाल 어릿광대 회전 목마

THEMATIC HINDI WORDS

Theme 10

→ प्रकृति 쁘라끄릳띠 ⓕ 자연

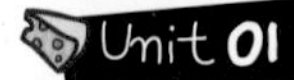

जानवर 잔-바르 동물

□ बाघ 바-그^{h} 호랑이

□ शेर 셰르 사자

□ भालू 발^{h}-루- 곰

□ हाथी 하-티- 코끼리

□ जिराफ़ 지라-프 기린

□ ज़ेबरा 제브라- 얼룩말

□ ऊँट 웅-~뜨 낙타

□ हिरन 히란 사슴

□ लोमड़ी 로므리- ⓕ 여우

□ **भेड़िया** 베^{h}리야- 늑대

भेड़िया एक पत्नीक जानवर है ।

베^{h}리야- 에끄 빠뜨닉- 잔-바르 해

늑대는 일부일처하는 동물이야.

□ **मगरमच्छ** 마가르맛츠 악어

□ **घड़ियाल** 가^{h}리얄- 인도 악어

□ **बंदर** 반다르 원숭이

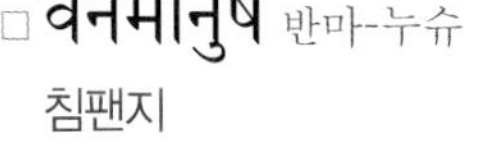

□ **वनमानुष** 반마-누슈

침팬지

□ **साँप** 상-~쁘 뱀

□ **नाग** 나-그

인도 코브라

□ **छिपकली**

치쁘깔리- ⓕ

도마뱀, 도마뱀붙이

□ **घोड़ा** 고^{h}라- 말

□ **बैल** 밸 황소

□ **गाय** 가-에 ⓕ 암소, 소

□ **बछड़ा** 바츠라- 송아지

□ **सूअर** 수-아르

돼지

Unit 01 जानवर

□ कुत्ता 꿋따- 개

□ बिल्ली 빌리- ⓕ 고양이

□ ख़रगोश 카르고슈 토끼

관련 단어

□ गेंडा 겐다- 코뿔소

□ गौर 고우르 인도 들소

□ तेंदुआ 뗀두아- 표범

□ शियार 시야-르- 자칼

□ नेवला 네블라- 몽구스

□ गधा 가다h- 당나귀

□ बकरा 바끄라- 염소

□ भेड़ 베h르 양

□ हैम्स्टर 햄스따르 햄스터

□ चूहा 쭈-하- 쥐

□ पांडा 판-다- 판다

□ **पंजा** 빤자- (짐승의) 발톱

□ **सींग** 씽-그 뿔

□ **पूँछ** 뿡-~츠 ⓕ 꼬리

□ **खुर** 쿠르 발굽

□ **अयाल** 아얄- (사자, 말 등의) 갈기

A: **उस भालू को देखो!**
우스 발ʰ-루- 꼬 데코!
저 곰 좀 봐!

B: **वाह! मैंने अभी तक इतना बड़ा भालू नहीं देखा है!**
와-! 매~네 아비ʰ- 딱 이뜨나- 바라- 발ʰ-루- 나힝-~ 데카- 해!
우와, 지금까지 이렇게 큰 곰은 본 적 없어!

पक्षी 빡시- 조류

□ कौआ 꼬우아- / कौवा 꼬우와- 까마귀

□ बाज़ 바-즈 매

□ गिद्ध 깃드ʰ / उक़ाब 우깝- 독수리

□ गौरैया 고우래야- 참새

□ कबूतर 까부-따르 비둘기

कबूतरों को खलिाना मना है ।

까부-뜨롱˜ 꼬 킬라-나- 마나- 해

비둘기에게 먹이를 주지 마세요.

□ अबाबील 아바-빌- ⓕ 제비

□ घोमड़ा 고ʰ므라- 갈매기

□ हंस 한스 백조

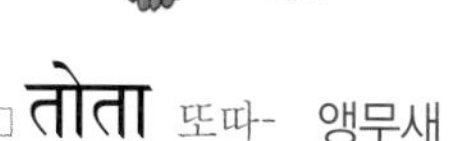

□ **तोता** 또따- 앵무새

□ **लवा** 라와- 종달새

□ **उल्लू** 울루- 올빼미

□ **शुतुरमुर्ग़** 슈뚜르무르그 타조

□ **सारस** 사-라스 학, 두루미

□ **मुर्ग़ा** 무르가- 수탉

□ **मुर्ग़ी** 무르기- ⓕ 암탉

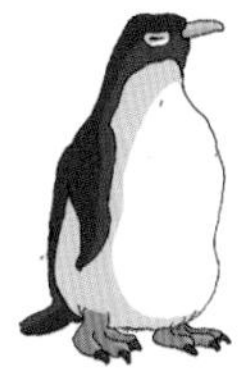

□ **पेंगुइन** 뼁구인 펭귄

सुना है कि पेंगुइन उत्तरी ध्रुव पर नहीं रहता ।

수나- 해 끼 뼁구인 웃뜨리- 드ʰ루브 빠르 나힝-~ 레흐따-

북극에는 펭귄이 없대요

관련 단어

□ **मोर** 모르 / **मयूर** 마유-르 공작

□ **कोयल** 꼬얄 뻐꾸기

□ **बटेर** 바뗴르 메추라기

□ **कठफोड़वा** 까트포르와- 딱따구리

□ **राजहंस** 라-즈한스 홍학

□ **बगुला** 바굴라- 왜가리

□ **बत्तख़** 밧따크 / **बतख़** 바따크 오리

□ **प्रवासी पक्षी** 쁘라와-씨- 빡시- 철새

□ **पर** 빠르 / **पंख** 빵크 깃털

□ **चोंच** 쫀쯔 ⓕ (새의) 부리

□ **पंजा** 빤자- (동물의) 갈고리 발톱

□ **पूँछ** 뿡-~츠 ⓕ (조류의) 꼬리털, 꽁지

□ **पंख** 빵크 날개

□ **घोंसला** 곤ʰ슬라- 둥지

A: मुर्गे की लंबी पूँछ होती है, जबकि मुर्ग़ी की छोटी पूँछ ।

무르게 끼- 람비- 뿡-~츠 호띠- 해, 잡끼 무르기- 끼- 초띠- 뿡-~츠

수탉은 꽁지가 길고, 암탉은 꽁지가 짧단다.

B: अच्छा, मुझे मालूम नहीं था ।

앗차-, 무제ʰ 말-룸- 나힝-~ 타-

아, 그렇군요. 몰랐어요.

Unit 03

कीट 끼-뜨 곤충

□ मधुमक्खी
마두ʰ막키- ⓕ 벌

□ मक्खी
막키- ⓕ 파리

□ मकड़ी
마끄리- ⓕ 거미

□ चींटी 찐-띠- ⓕ 개미

□ पतंगा 빠뚱가- 나방

□ तितली 띠뜰리- ⓕ 나비

□ व्याध पतंग
뱌-드ʰ 빠땅그 잠자리

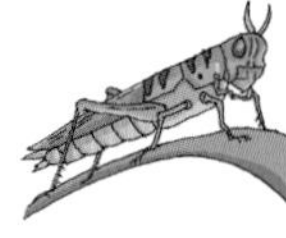

□ टिड्डा 띳다- 메뚜기

□ **झींगुर** 징ʰ-구르 귀뚜라미

□ **जुगनू** 주그누- 개똥벌레

□ **लेडी बिटल** 레디- 비딸
무당벌레

□ **मच्छर** 맛차르 모기
मच्छर के काटने से खुजली हो रही है ।
맛차르 께 까-뜨네 쎄 쿠즐리- 호 라히- 해
모기에 물려서 가렵다.

□ **तिलचट्टा** 띨짯따- 바퀴벌레
तिलचट्टे अंधेरे और आर्द्र स्थानों में छिपना पसंद करते हैं ।
띨짯떼 안데ʰ레 오우르 아-르드러 스타-농 메ˇ 치쁘나- 빠산드 까르떼 행ˇ
바퀴벌레는 습하고 어두운 곳에 숨기를 좋아한다.

관련 단어

- □ भृंग 브ʰ링그 딱정벌레
- □ केंचुआ 껜쭈아- 지렁이
- □ दीमक 디-마끄 흰개미
- □ घोंघा 공ʰ가ʰ- 달팽이
- □ कनखजूरा 깐카주-라- 지네

- □ अंडा 안다- 알
- □ कोया 꼬야- 고치
- □ इल्ली 일리- ⓕ 애벌레
- □ प्यूपा 쀼-빠- 번데기
- □ स्पर्शक 스빠르샥 더듬이
- □ डंक 당끄 (곤충 등의) 침, 가시

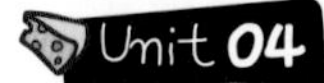

मछली 마츨리- ⓕ 어류, समुद्री जीव 사무드리- 지-우 해양생물

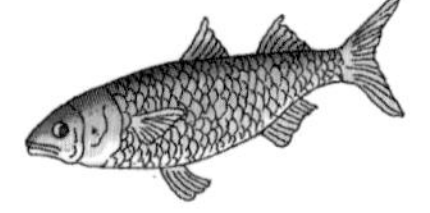

□ सैल्मन
샐만 연어

□ ट्राउट 뜨라-우뜨
송어

□ बाँगड़ा 방-˜그라- / मैकेरल 매께랄
고등어

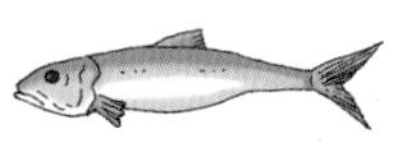

□ टूना 또-나- 참치

मुझे टूना वाला किमची चिगै अच्छा लगता है ।
무제ʰ 또-나- 왈-라- 낌치- 찌개 앗차- 라그따- 해
난 참치를 넣은 김치찌개가 좋아.

□ सारडाइन
사-르다-인 정어리

□ चपटी मछली
짜쁘띠- 마츨리- ⓕ /
हैलबट 핼바뜨 광어

□ व्हेल 웰 고래

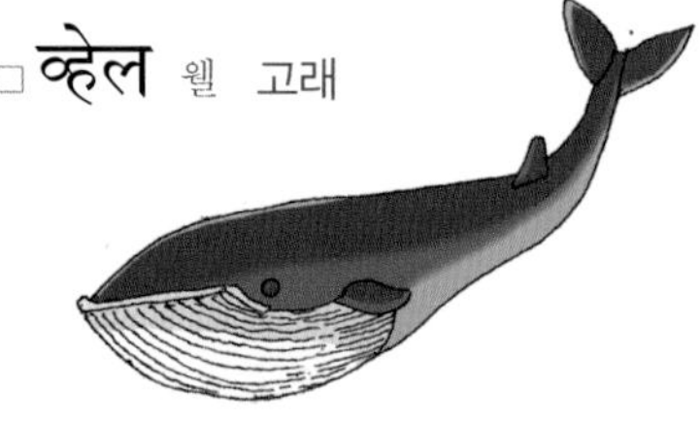

□ शार्क 샤-르끄 상어

□ **सुनहरी मछली** 수네흐리- 마출리- ⓕ 금붕어

सुनहरी मछली एक सजावटी मछली है ।

수네흐리- 마출리- 에끄 사자-우띠- 마출리- 해

금붕어는 관상용 물고기이다.

□ **कार्प**

까-릅 잉어

□ **समुद्रफेनी** 사무드러페니- ⓕ

오징어

□ **अष्टभुज** 아슈뜨부^{h}즈 문어

□ **लॉबस्टर** 럽스따르 바닷가재

□ **केकड़ा** 께끄라- 게

□ **झींगा** 징h-가- 새우

झींगा मीठे जल में भी रहता है ।

징h-가- 미-테 잘 메~ 비h- 레흐따- 해

새우는 민물에서도 산다.

□ **शुक्ति** 슉띠 ⓕ / **सीप** 씹- ⓕ 굴

□ **कछुआ** 까추아- 거북

कछुआ एक दीर्घायु प्राणी है ।

까추아- 에끄 디-르가h-유 쁘라-니- 해

거북은 장수 동물이다.

관련 단어

□ **कॉड** 꺼드 대구

□ **बाम मछली** 밤- 마츨리- ⓕ 장어

□ **बड़ी सीपी** 바리- 씨-삐- ⓕ / **क्लैम** 끌램 대합

□ **समुद्र खीरा** 사무드러 키-라- 해삼

□ **तारामीन** 따-라-민- ⓕ 불가사리

□ **बिच्छू** 빗추- 전갈

□ **समुद्री शैवाल** 사무드리- 새왈- 해초

- □ **शल्क** 샬끄 (물고기의) 비늘
- □ **मीनपंख** 민-빵크 지느러미
- □ **क्लोम** 끌롬 / **गलफड़ा** 갈파라- 아가미

वार्तालाप 

A: उस मछली का नाम क्या है ?
우스 마출리- 까- 남- 꺄- 해?
이 물고기의 이름은 뭐예요?

B: वह ट्राउट है ।
베헤 뜨라-우뜨 해
그건 송어란다.

फल 팔 과일

□ **तरबूज़** 따르부-즈 / **तरबूज़ा** 따르부-자- 수박

ठंडे तरबूज़ का एक टुकड़ा खाना चाहता/*चाहती हूँ ।

탄데 따르부-즈 까- 에끄 뚜끄라- 카-나- 짜-흐따-/*짜-흐띠- 훙-

시원한 수박 한 조각 먹었으면….

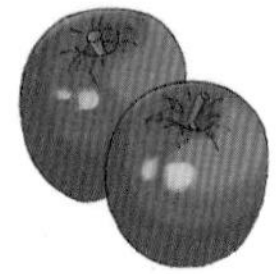

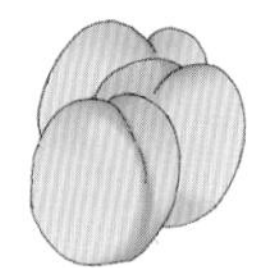

□ **सेब** 쎕 사과

□ **नाशपाती** 나-슈빠-띠- ⓕ 배

□ **आड़ू** 아-루- 복숭아

□ **स्ट्रॉबेरी** 스뜨러베리- 딸기

□ **अंगूर** 앙구-르 포도

□ **माल्टा** 말-따- / **नारंगी** 나-릉기- ⓕ 귤

□ **नीबू** 니-부- 레몬; 라임

सुना है कि नीबू में सिट्रिक अम्ल ज़्यादा पाए जाते हैं।

수나- 해 끼 니-부- 멩 씨뜨릭 아믈 쟈-다- 빠-에 자-떼 행

레몬에는 구연산이 많대요.

□ ख़ुबानी 쿠바--니- ⓕ 살구
डबलरोटी पर ख़ुबानी जैम लगाकर खाऊँगा/*खाऊँगी ।
다발로띠- 빠르 쿠바--니- 잼 라가-까르 카-웅-~가-/*카-웅-~기-.
식빵에 살구잼을 발라 먹어야겠다.

□ तेंदू 뗀두- 감

□ अनन्नास 아난나-스
파인애플

□ संतरा 산뜨라-
오렌지

□ केला 껠라- 바나나
केले बहुत जल्दी पक जाते हैं ।
껠레 바훗 잘디- 빠끄 자-떼 행~
바나나는 정말 빨리 변하는 과일이다.

□ मूँगफली
뭉-~그팔리- ⓕ 땅콩

□ अखरोट
아크로뜨 호두

□ चेस्टनट
쩨스뜨나뜨 밤

Unit 05 फल

관련 단어

- □ अनार 아나-르 석류
- □ आलूचा 알-루-짜- 자두
- □ ख़रबूज़ा 카르부-자- 멜론
- □ कीवी 끼-비- 키위
- □ आम 암- 망고
- □ पपीता 빠삐-따- 파파야
- □ अमरूद 아므루-드 구아바
- □ नारियल 나-리얄 코코넛
- □ चीकू 찌-꾸- 사포딜라
- □ शफ़तालू 샤프딸-루- 천도복숭아
- □ कमरख 까므라크 스타프루트
- □ शरीफा 샤리-파- / सीताफल 씨따-팔 슈가애플
- □ अंजीर 안지-르 무화과
- □ इमली 이믈리- 타마린드
- □ बादाम 바-담- 아몬드
- □ काजू 까-주- 캐슈너트

- □ **पिस्ता** 삐스따- 피스타치오
- □ **चिलगोज़ा** 찔고자- 잣
- □ **किशमिश** 끼슈미슈 ⓕ 건포도
- □ **बेर** 베르 대추
- □ **खजूर** 카주-르 ⓕ 대추야자
- □ **छिलका** 칠까- (과일) 껍질

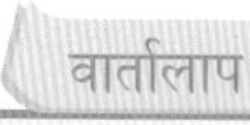

A: **सुना है कि क़ब्ज़ से छुटकारा पाने के लिए आलूचा अच्छा होता है ।**
수나-해 끼 까브즈 쎄 추뜨까-라- 빠-네 께 리에 알-루-짜- 앗차- 호따- 해
변비 탈출에 자두가 좋대.

B: **अच्छा ? मैंने सोचा, सेब खाने से क़ब्ज़ दूर रहता है ।**
앗차- ? 매~네 소짜-, 셉 카-네 쎄 까브즈 두-르 레흐따- 해
그래? 난 사과만 생각했는데.

A: **हाँ, लगभग सभी फल कब्ज से राहत दिलाते हैं ।**
항-~, 라그바^{h}그 사비^{h}- 팔 까브즈 쎄 라-하뜨 딜라-떼 행~
하긴 과일이라면 거의 다 좋겠지.

पेड़ पौधे 뻬르 뽀우 데ʰ 식물

□ **बीज** 부토 씨앗 □ **अंकुर** 앙꾸르 싹 □ **पत्ता** 빳따- 잎

□ **फल** 팔 열매 □ **लता** 라따- ⓕ 덩굴 □ **शाखा** 샤-카- ⓕ 나뭇가지

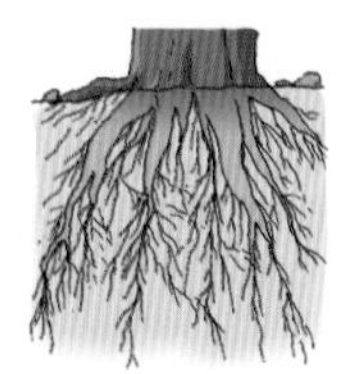

□ **छाल** 찰- ⓕ 나무 껍질 □ **जड़** 자르 ⓕ 나무 뿌리

□ **तना** 따나- 나무 줄기

□ वृक्षवलय कालक्रम
브릭슈발라에 깔-끄람 나이테

□ जिन्को 진꼬 은행나무 □ बलूत 발루-뜨 떡갈나무 □ ताड़ 따-르 야자수

□ चीड़ 찌-르 소나무

관련 단어

□ देवदार 데브다-르 삼나무

□ बाँस 방-~스 대나무

□ चंदन 짠단 백단향

□ बरगद 바르가드 반얀나무

□ पीपल 삐빨 보리수

□ सहजन 세흐잔 모링가

□ नीम 님- 님나무, 인도멀구슬나무

Unit 07

फूल 풀- 꽃

□ गुलाब 굴랍-
장미

□ लिली 릴리- ⓕ
백합

□ सूरजमुखी
수-라즈무키- ⓕ
해바라기

□ बनफ्शा 반프샤- /
स्रीवत 스리-바뜨 제비꽃

□ परितारिका 빠리따-리까- /
ईरिस 이-리스 붓꽃

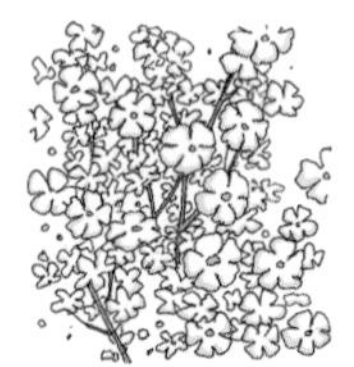

□ जिप्सोफिला 집소필라-
안개꽃

□ सिंहपर्णी 씽흐빠르니- ⓕ
민들레

□ **सुबह महिमा**

수버ㅎ 마히마- ⓕ 나팔꽃

□ **ऑर्किड** 어르끼드

난초

□ **ट्यूलिप** 뜔-립 튤립

ट्यूलिप नीदरलैंड की याद दिलाते हैं ।

뜔-립 니-다르랜드 끼- 야-드 딜라-떼 행-

튤립 하면 네덜란드가 생각난다.

□ **गुलदाउदी** 굴다-우디- ⓕ 국화

गुलदाउदी विभिन्न प्रकार के होते हैं ।

굴다-우디- 께 비빈h 쁘라까-르 호떼 행-

국화의 종류도 무척 다양하다.

□ **अज़ेलिया**

아젤리야- 진달래

□ **कमल** 까말

연꽃

□ **नागफनी**

나-그파니- ⓕ 선인장

Unit 07 फूल ▶▶▶

관련 단어

- □ **घास** 가^{h}-스 ⓕ 풀, 잔디
- □ **घास फूस** 가^{h}-스 푸-스 / **खरपतवार** 카르빠뜨와-르 잡초
- □ **पंखुड़ी** 빵쿠리- ⓕ 꽃잎
- □ **कली** 깔리- ⓕ 꽃봉오리
- □ **कर्णिका** 까르니까- ⓕ 꽃받침
- □ **डंठल** 단탈 (꽃) 줄기

सब्ज़ी 사브지- ⓕ 채소

□ मूली

물-리- ⓕ 무

□ गाजर 가-자르

당근

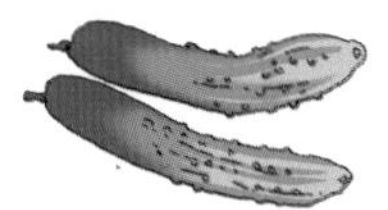

□ खीरा

키-라- 오이

□ लहसुन 레흐순

마늘

□ प्याज़

빠-즈 양파

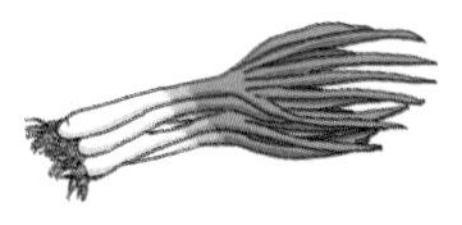

□ हरा प्याज़

하라- 빠-즈 파

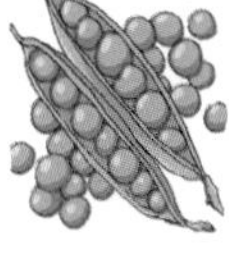

□ दाल

달- ⓕ 콩

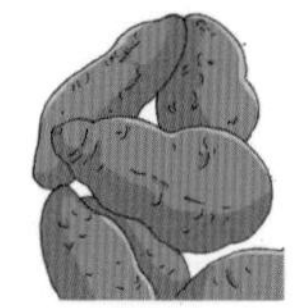

□ **आलू**
알-루- 감자

□ **शकरकंद**
샤까르깐드 고구마

□ **कद्दू**
깟두- 호박

□ **बंदगोभी**
반드고비h- ⓕ 양배추

□ **पालक** 빨-락
시금치

□ **कुकुरमुत्ता**
꾸꾸르뭇따- 버섯

□ **टमाटर**
따마-따르
토마토

□ **शिमला मिर्च**
시믈라- 미르쯔 ⓕ
피망

□ **मिर्च** 미르쯔 ⓕ 고추
छोटी मिर्च तीखी होती है ।
초띠- 미르쯔 띠-키- 호띠- 해
작은 고추가 맵다.

관련 단어

- □ फूलगोभी 풀-고비^{h}- ⓕ 꽃양배추
- □ गांठ गोभी 간-트 고비^{h}- ⓕ 콜라비
- □ बैंगन 뱅간 가지
- □ अदरक 아드라끄 생강
- □ हल्दी 할디- 강황
- □ धनिया 다^{h}니야- 고수풀
- □ मटर 마따르 완두콩
- □ भिंडी 빈^{h}디- ⓕ 오크라
- □ शलग़म 샬감 순무
- □ गन्ना 간나- 사탕수수

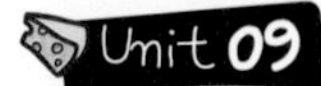

प्राकृतिक दृश्य 쁘라-끄릐띡 드릐셔 ⓕ 풍경

□ झील 질h- ⓕ
호수

□ नदी 나디- ⓕ
강

□ घाटी 가h-띠- ⓕ
계곡; 골짜기

□ पठार
빠타-르 고원

□ टीला 띨-라-
언덕, 구릉

□ गुफा 구파- ⓕ
동굴

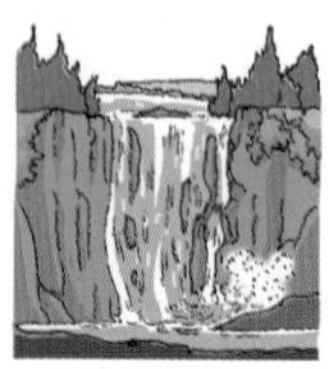

□ झरना 자h르나-
폭포

□ वन 반 숲

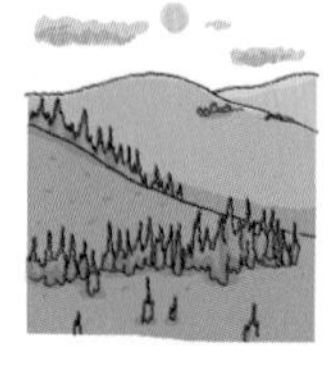

□ घासभूमि
가h-스부h-미 ⓕ
초원

□ पर्वत 빠르와뜨 /
पहाड़ 빠하-르 산

□ पत्थर 빳타르
바위

□ छोटी धारा
초띠- 다h-라- ⓕ 개울

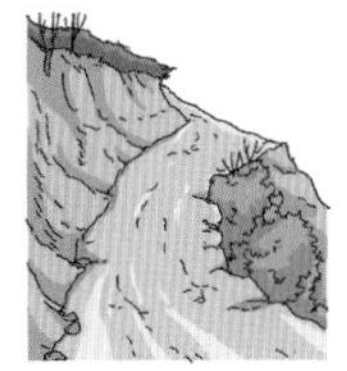

□ (पहाड़ी) ढलान
(빠하-리-) 달h란- ⓕ
(산)비탈

□ खड़ी चट्टान
카리- 짯딴- ⓕ
절벽

□ ज्वालामुखी
즈왈-라-무키- 화산

□ सोता 소따- 샘

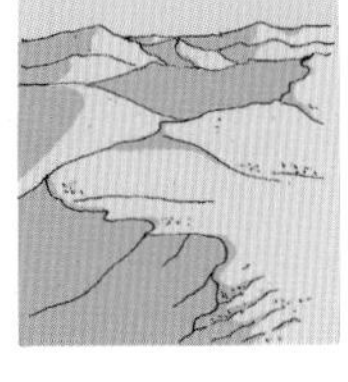

□ रेगिस्तान
레기스딴- 사막

Unit 09 प्राकृतिक दृश्य ▶▶▶

관련 단어

- □ रेतीला तट 레띨-라- 따뜨 모래사장
- □ मैदान 매단- 평원
- □ चरागाह 짜라-가-ㅎ 목초지
- □ दलदल 달달 늪, 습지
- □ हिमानी 히마-니- ⓕ / हिमनद 힘나드 빙하
- □ दर्रा 다르라- 협곡
- □ तेज़ धारा 떼즈 다^{h}-라- ⓕ 급류
- □ प्रवाल द्वीप 쁘라왈 드윕- 산호섬
- □ क्षितिज 끄시띠즈 지평선

□ उत्तर 웃따르 북

□ पश्चिम 빠슈찜 서

□ पूर्व 뿌-르브 동

□ दक्षिण 닥신 남

मौसम 모우삼 날씨

□ **धूप** 둡^h- ⓕ 햇빛

□ **बादल** 바-달 구름

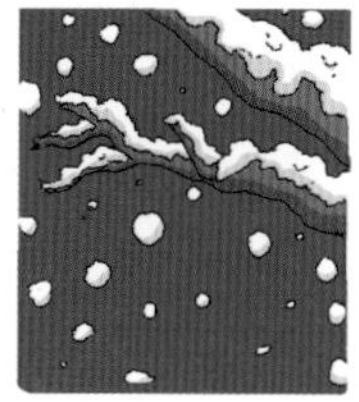

□ **बर्फ़** 바르프 ⓕ 눈, 얼음

□ **हवा** 하와- ⓕ / **वायु** 와-유 바람

□ **कोहरा** 꼬흐라- 안개

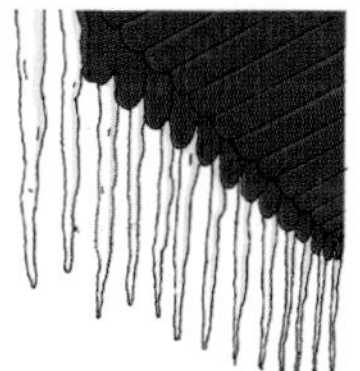

□ **हिमलंब** 히믈람브 고드름

□ **इंद्रधनुष** 인드러다^{h}누슈 무지개

□ **बारिश** 바-리슈 ⓕ 비

□ **बाढ़** 바-릍^h ⓕ 홍수

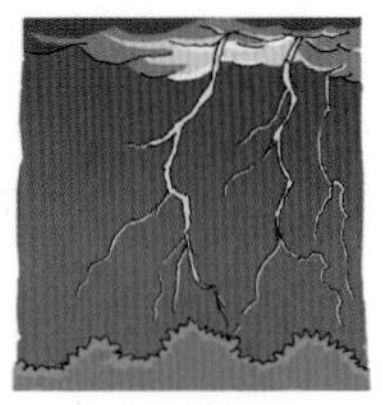

□ तड़ित 따리뜨 ⓕ / बिजली 비즐리- ⓕ 번개

관련 단어

- □ आसमान 아-스만- 하늘
- □ धुंध 둔h드h 스모그; 안개
- □ ओला 올라- 우박
- □ ओले गिरना 올레 기르나- 우박이 떨어지다
- □ बौछार 보우차-르 소나기
- □ तुषार 뚜샤-르 서리
- □ तूफ़ान 뚜-판- 폭풍우
- □ आँधी 앙-~디h- 모래바람
- □ पीएम 삐-엠 / सूक्ष्म कण 숙-슘 깐 미세먼지
- □ वायु प्रदूषण 와-유 쁘라두-샨 공기오염
- □ गरज 가라즈 / गड़गड़ाहट 가르가라-하뜨 천둥

□ **सूखा** 수-카- / **अनावृष्टि** 아나-브리슈띠 ⓕ 가뭄

□ **धूपदार** 둡ʰ-다-르 화창한

□ **मेघाच्छन्न** 메갓ʰ-찬 구름이 잔뜩 낀

□ **नम** 남 습한

□ **सूखा** 수-카- 건조한

□ **तापमान** 따-쁘만- 온도

□ **हवा चलना** 하와- ⓕ 짤르나- 바람이 불다

□ **कोहरा पड़ना** 꼬흐라- 빠르나- 안개가 끼다

□ **बारिश होना** 바-리슈 ⓕ 호나- 비가 내리다

□ **बर्फ़ पड़ना** 바르프 ⓕ 빠르나- 눈이 내리다

A: **इस झील के आसपास हमेशा घना कोहरा छाया हुआ है।**
이스 질ʰ- 께 아-스빠-스 하메샤- 가ʰ나- 꼬흐라- 차-야- 후아- 해
이 호수 주변은 항상 짙은 안개가 끼어 있네.

B: **इसलिए यहाँ से गुज़रते समय मुझे डर लगता है ।**
이슬리에 야항-~ 쎄 구자르떼 사마에 무제ʰ 다르 라그따- 해
그래서 그런지 여기를 지나가려면 으스스하더라.

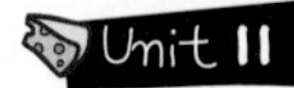

पदार्थ 빠다-르트 물질

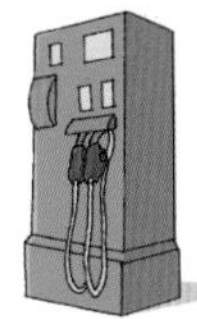

□ धातु 다^{h}-뚜 ⓕ 금속

□ तेल 뗄 기름

□ कोयला 꼬옐라- 석탄

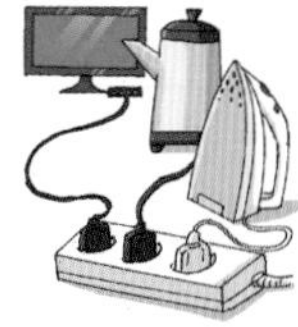

□ विद्युत 비듀뜨 ⓕ / बिजली 비즐리- ⓕ 전기

□ मिट्टी 밋띠- ⓕ 토양

□ द्रव 드라브 액체

□ गैस 개스 기체

□ ठोस 토스 고체

□ आग 아-그 ⓕ 불

□ ऊष्मा 우-슈마- 열

□ रोशनी 로슈니- ⓕ / प्रकाश 쁘라까-슈 빛

□ धुआँ 두ʰ앙-~ / धूआँ 두ʰ-앙-~ 연기

□ पानी 빠-니- / जल 잘 물

관련 단어

□ सोना 소나- 금

□ चाँदी 짱-~디- ⓕ 은

□ ताँबा 땅-~바- 동

□ लोहा 로하- 철

□ पीतल 삐-딸 황동

□ जस्ता 자스따- 아연

□ वाष्प 와-슈쁘 증기

□ भाप 바ʰ-쁘 ⓕ 수증기

Unit 12

रंग 랑그 색

□ **सफ़ेद** 사페드
흰색

□ **धूसर** 두h-사르
회색

□ **काला** 깔-라-
검은색

□ **नीला** 닐-라-
파란색

□ **लाल** 랄-
빨간색

□ **पीला** 삘라-
노란색

□ **भूरा** 부h-라-
갈색

□ **हरा** 하라-
녹색

□ **बैंगनी** 뱅그니-
보라색

□ **गुलाबी** 굴라-비-
분홍색

□ **नारंगी** 나-룽기-
주황색

□ **गहरा नीला**
게흐라- 닐-라-
짙은 청색

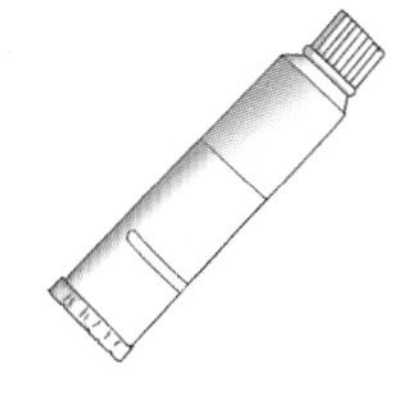

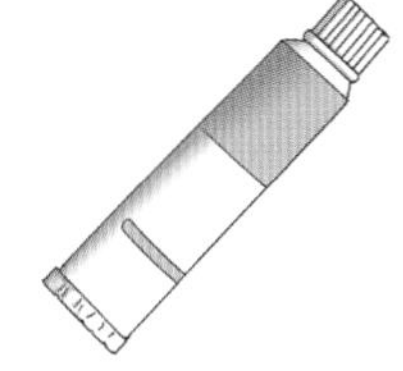

□ **पीतशुभ्र**
삐-뜨슈브ʰ러 상아색

□ **बेज** 베즈 베이지색

□ **रूपहला** 루-뻬흘라- 은색
वह रूपहले रंग की इमारत नवनिर्मित है।
베헤 루-뻬흘레 랑그 끼- 이마-라뜨 나브니르미뜨 해
저 은색 건물 새로 지었구나.

1 인간
2 가정
3 수
4 도시
5 교통
6 업무
7 경제, 사회
8 쇼핑
9 스포츠, 취미
10 자연

Unit 13

ब्रह्मांड 브라흐만-드 우주

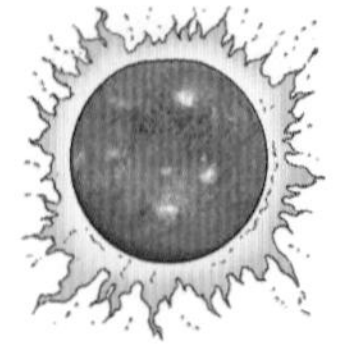

□ चाँद 짱-~드 달

□ सूरज 수-라즈 /
सूर्या 수-랴- 해, 태양

□ पृथ्वी 쁘리트위- ⓕ 지구
पृथ्वी का भविष्य कैसा होगा ?
쁘리트위- 까- 바ʰ비셔 깨사- 호가-?
지구의 미래는 어떻게 될까?

□ ग्रह 그라ㅎ
행성, 혹성

□ उल्का
울까- ⓕ 유성

□ तारा 따-라-
별

□ नवचंद्र
나브짠드러 초승달

□ अर्द्धचंद्र
아릇드ʰ짠드러 반달

□ पूर्णचंद्र
뿌-른짠드러 보름달

관련 단어

□ अंतरिक्ष 안뜨릭슈 우주 공간
□ आकाशगंगा 아-까-슈강가- ⓕ 은하계
□ सौरमंडल 소우르만달 태양계
□ तारामंडल 따-라-만달 별자리
□ बुध 부드h 수성
□ शुक्र 슈끄러 금성
□ मंगल 망갈 화성
□ बृहस्पति 브리하스빠띠 목성
□ शनि 샤니 토성
□ धूमकेतु 둠h-께뚜 혜성
□ उपग्रह 우쁘그라ㅎ 위성
□ सूर्यग्रहण 수-려그라한 일식
□ चंद्रग्रहण 짠드러그라한 월식
□ खगोलयात्री 카골야-뜨리- / अंतरिक्षयात्री 안따릭슈야-뜨리- 우주 비행사
□ अंतरिक्षयान 안따릭슈얀- 우주 왕복선
□ उड़नतश्तरी 우란따슈따리- ⓕ 미확인 비행 물체, UFO

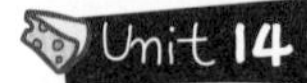

पृथ्वी 쁘리트위- ⓕ 지구

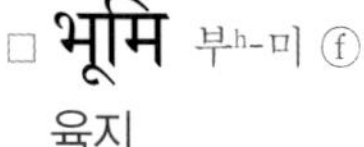

□ भूमि 부h-미 ⓕ
육지

□ महासागर
마하-사-가르 대양

□ समुद्र 사무드러 /
सागर 사-가르 바다

□ खाड़ी 카-리- ⓕ 만

□ प्रायद्वीप
쁘라-에드윕-
반도

□ उत्तरी ध्रुव
웃따리- 드h루브
북극

□ दक्षिणी ध्रुव
닥시니- 드h루브
남극

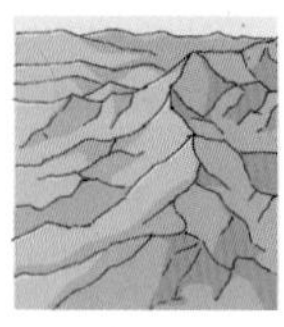

□ पर्वतमाला 빠르와뜨말-라- ⓕ /
पर्वत श्रृंखला 빠르와뜨 슈링클라- ⓕ
산맥

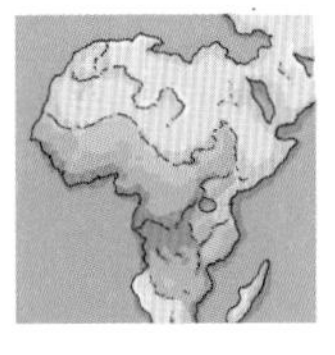

□ महाद्वीप
마하-드윕- 대륙

□ द्वीप 드윕- 섬

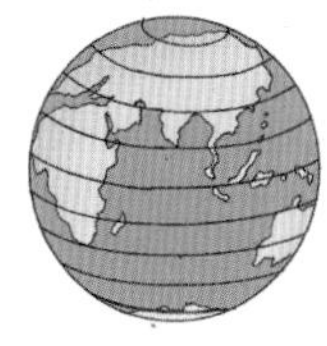

□ अक्षांश
악샨-슈 위도

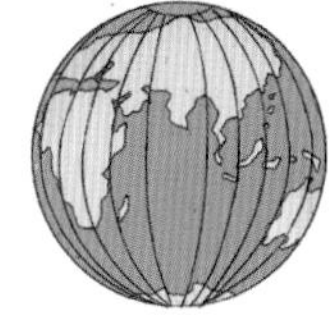

□ रेखांश
레칸-슈 경도

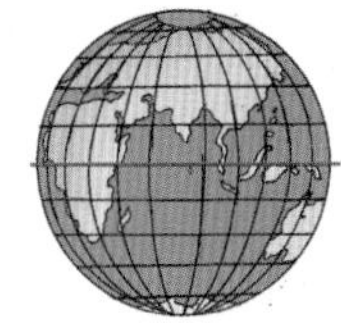

□ भूमध्य रेखा
부^{h}-마더^{h} 레카- ⓕ 적도

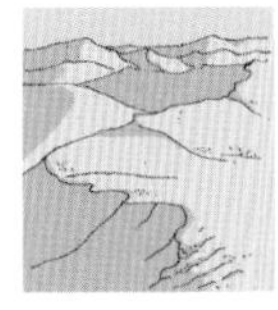

□ रेगिस्तान
레기스딴- 사막

□ जलसंधि
잘산디^{h} ⓕ 해협

□ वायुमंडल
와-유만달 대기

दशा 다샤- ⓕ, दिशा 디샤- ⓕ 위치, 방향

□ बाहर 바-하르 밖

□ अंदर 안다르 안

उसने घर के अंदर से अपने पति को विदा की है ।

우스네 가ʰ르 께 안다르 쎄 아쁘네 빠띠 꼬 비다- 끼- 헤

그녀는 남편을 집 안에서 배웅했다.

□ बायाँ 바-양-~ 왼쪽의 ↔ □ दायाँ 다-양-~ 오른쪽의

□ सामने 삼-네 앞에 ↔ □ पीछे 삐-체 뒤에

□ केंद्र 껜드러 가운데

बाण लक्ष्य के केंद्र बिंदु पर लगा हुआ है ।

반- 락셔 께 껜드러 빈두 빠르 라가- 후아- 헤

화살이 과녁 가운데 박혔다.

□ **बग़ल** 바갈 ⓕ 옆

मेरे बग़ल में कुत्ता सो रहा है ।

메레 바갈 메˜ 에끄 꿋따- 소 라하- 해

내 옆에서 개가 자고 있다.

□ **ऊपर** 우-빠르 위

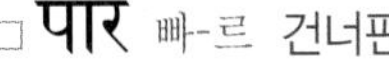

□ **पार** 빠-르 건너편

□ **नीचे** 니-쩨 아래에, 밑에

□ **बीच** 비-쯔 사이

□ **घर से स्टेशन तक**

가ʰ르 쎄 스떼샨 딱

집에서부터 역까지

관련 단어

□ **पास** 빠-스 / **नज़दीक** 나즈딕- 가까운 ↔ **दूर** 두-르 먼

□ **यहाँ** 야항-˜ 여기

□ **वहाँ** 바항-˜ 저기, 거기

□ **सीधे चलना** 씨-데ʰ 짤르나- 똑바로 가다

□ **बायीं ओर मोड़ना** 바-잉-˜ 오르 모르나- 왼쪽으로 돌다

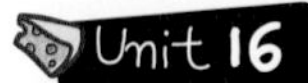

विपर्याय 비빠랴-에 반대말

□ बड़ा ↔ □ छोटा

바라- 큰 / 초따- 작은

□ उच्च ↔ □ निम्न

웃쯔 높은 / 님느 낮은

↔

□ उज्ज्वल

웃즈왈 밝은

□ अँधेरा

앙~데h라- 어두운

□ नया ↔ □ फटा-पुराना

나야- 새로운 / 파따뿌라-나- 낡은

फटा-पुराना वाला नये वाले से बुरा नहीं है ।

파따뿌라-나- 왈-라- 나예 왈-레 쎄 부라- 나힝-~ 해

낡은 것이 새로운 것보다 나쁜 것은 아니다.

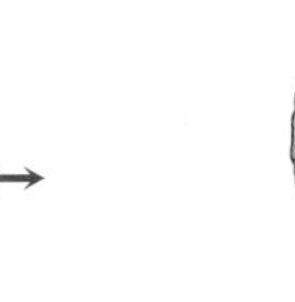

□ **हलका** 할까- 가벼운 □ **भारी** 바^{h}-리- 무거운

□ **चौड़ा** 쪼우라- 넓은 □ **संकीर्ण** 상끼-른 좁은

□ **तेज़** 떼즈 빠른 □ **धीमा** 디^{h}-마- / **मंद** 만드 느린

चाहे तेज़ हो, चाहे धीमा हो, बस अपना काम करना है ।

짜-헤 떼즈 호, 짜-헤 디^{h}-마- 호, 바스 아쁘나- 깜- 까르나- 해

좀 느리든 빠르든 자기 할 일을 하면 된다.

Unit 16 विपर्याय ▶▶▶

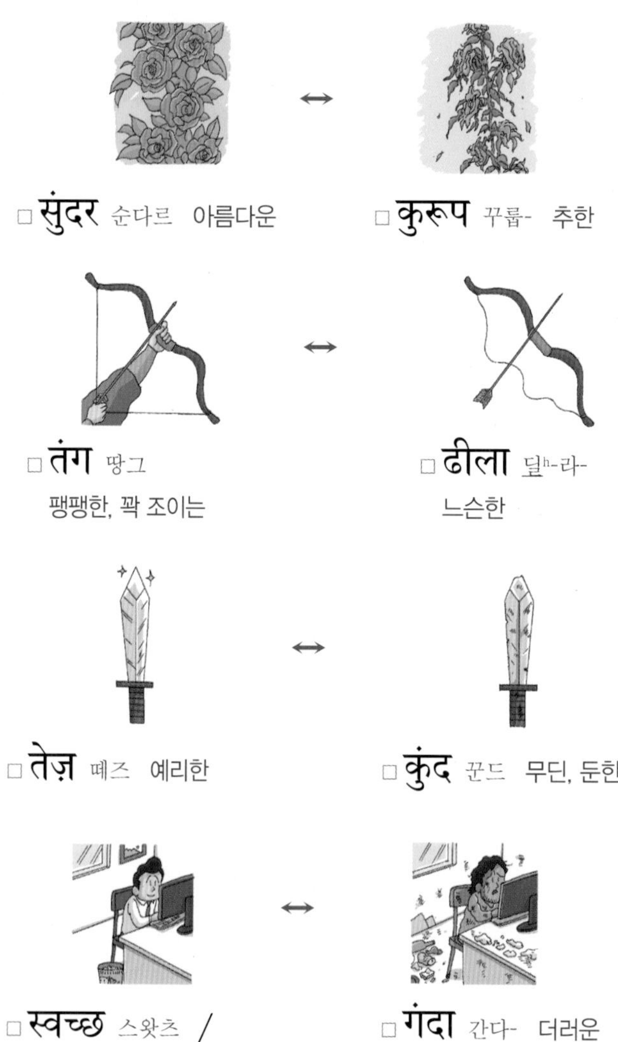

□ सुंदर 순다르 아름다운 ↔ □ कुरूप 꾸룹- 추한

□ तंग 땅그 팽팽한, 꽉 조이는 ↔ □ ढीला 딜^{h}-라- 느슨한

□ तेज़ 떼즈 예리한 ↔ □ कुंद 꾼드 무딘, 둔한

□ स्वच्छ 스왓츠 / साफ़ 사-프 깨끗한 ↔ □ गंदा 간다- 더러운

↔

□ **खुला** 쿨라- 열린

□ **बंद** 반드 닫힌

↔

□ **सूखा** 수-카- 마른, 건조한

□ **गीला** 길-라- 젖은, 습한

↔

□ **भरा** 바ʰ라- 가득 찬

□ **ख़ाली** 칼-리- 텅 빈

↔

□ **दिन** 딘 낮

□ **रात** 라-뜨 ⓕ 밤

आज 'छुबून' है जब दिन और रात की अवधि एक समान होती है।

아-즈 '추분-' 해 잡 딘 오우르 라-뜨 끼- 아브디ʰ 에끄 사만- 호띠- 해

오늘은 낮과 밤의 길이가 같은 추분이야.

↔

□ **मेहनती** 메흐나띠- 부지런한

□ **आलसी** 알씨- 게으른

↔

□ **अमीर** 아미-르 / **धनी** 다ʰ니- 부유한

□ **ग़रीब** 가립- / **दरिद्र** 다리드러 가난한

□ **आक्रमण करना** ↔ □ **बचाव करना**

아-끄라만 까르나- 공격하다

바짜-우 까르나- 방어하다

वह एक ऐसा आदमी है जिसके पास आक्रमण का भाला और बचाव का ढाल दोनों हैं ।

베헤 에끄 애싸- 아-드미- 해 지스께 빠-스 아-끄라만 까- 발ʰ-라- 오우르 바짜-우 까-달ʰ- 도농-~ 행~

그는 공격하는 창과 방어하는 방패를 둘 다 가진 사람이다.

↔

□ विवाहित 비와-히뜨
결혼한

□ अविवाहित
아비와-히뜨 미혼의

관련 단어

□ मोटा 모따- 뚱뚱한 ↔ पतला 빠뜰라- 여윈, 마른
□ ठंडा 탄다- 추운 ↔ गरम 가람 더운
□ सुखी 수키- 행복한 ↔ दु:खी 두키- 괴로운, 불행한
□ अच्छा 앗차- 좋은 ↔ ख़राब 카랍- / बुरा 부라- 나쁜
□ पसंद 빠산드 좋아하는 ↔ नापसंद 나-빠산드 싫어하는
□ बहुत 바훗 / ज़्यादा 쟈-다- 많은 ↔ कम 깜 적은
□ शानदार 샨-다-르 화려한 ↔ सीधा-सादा 씨다^{h}- 사-다- 소박한
□ मज़बूत 마즈부-뜨 강한 ↔ कमज़ोर 깜조르 약한
□ शुरू 슈루- 시작한 ↔ ख़त्म 카뜸 / समाप्त 사마-쁘뜨 끝난

देश का नाम 데슈 까- 남- · राजधानी का नाम 라-즈다^{h}-니- 까- 남- 나라 이름·수도 이름

아시아 एशिया 에시야-

□ 네팔 नेपाल 네빨-

□ 카트만두 काठमांडु 까-트만-두

□ 대만 ताइवान 따-이완-

□ 타이베이 ताइपे 따-이뻬

□ 라오스 लाओस 라-오스

□ 비엔티안 वियनतियाने 비얀띠야-네

□ 레바논 लेबनान 레브난-

□ 베이루트 बेरूत 베루-뜨

□ 말레이시아 मलेशिया 말레시야-

□ 쿠알라룸푸르 कुआला लंपुर 꾸알-라- 람뿌르

□ 몽골 मंगोलिया 망골리야-

□ 울란바토르 उलान बतोर 울란- 바또르

□ 미얀마 म्यान्मार 먄-마-르

□ 네피도 नेपीडॉ 네삐더

□ 방글라데시 बांग्लादेश 방-글라-데슈

□ 다카 ढाका 다^{h}-까-

□ 베트남 वियतनाम 비야뜨남-

□ 하노이 हनोई 하노이-

□ 부탄 भूटान 부^{h}-딴-

□ 팀부 थिंफू 팀푸-

□ 북한 उत्तर कोरिया 웃따르 꼬리야-

□ 평양 प्योंगयांग 뽕양-

□ 사우디아라비아 सऊदी अरब 사우-디- 아랍

□ 리야드 रियाद 리야-드

□ 스리랑카 श्रीलंका 슈리-랑까-

□ 콜롬보 कोलंबो 꼴람보

□ 시리아 सीरिया 씨-리야-

□ 다마스쿠스 दमिश्क 다미슈끄

□ 싱가포르 सिंगापुर 씽가-뿌르

□ 싱가포르 सिंगापुर नगर 씽가-뿌르 나가르

□ 아프가니스탄 अफ़ग़ानिस्तान 아프가-니스딴-

□ 카불 काबुल 까-불

□ 예멘 यमन 야만

□ 사나 साना 사-나-

□ 우즈베키스탄 उज़्बेकिस्तान 우즈베끼스딴-

□ 타슈켄트 ताशकंद 따-슈깐드

□ 이라크 इराक 이라-끄

□ 바그다드 बग़दाद 바그다-드

□ 이란 ईरान 이-란-
□ 테헤란 तेहरान 떼흐란-

□ 이스라엘 इजराइल 이즈라-일
□ 예루살렘 यरुशलम 야루샬람

□ 인도 भारत 바ʰ-라뜨
□ 뉴델리 नई दिल्ली 나이- 딜리- ⓕ

□ 인도네시아 इंडोनेशिया 인도네시야-
□ 자카르타 जकार्ता 자까-르따-

□ 일본 जापान 자-빤-
□ 도쿄 टोक्यो 또꾜

□ 중국 चीन 찐-
□ 베이징 बीजिंग 비-징

□ 카자흐스탄 कज़ाख़स्तान 까자-크스딴-
□ 아스타나 अस्ताना 아스따-나-

□ 캄보디아 कंबोडिया 깜보디야-
□ 프놈펜 नामपेन्ह 남-뻰 / फ़्नोम पेन्ह 프놈 뻰

□ 태국 थाईलैंड 타-일-랜드
□ 방콕 बैंकाक 뱅깍-

□ 터키 तुर्की 뚜르끼-
□ 앙카라 अंकारा 앙까-라-

□ 파키스탄 **पाकिस्तान** 빠-끼스딴-

□ 이슬라마바드 **इस्लामाबाद** 이슬라-마-바-드

□ 필리핀 **फ़िलीपीन्स** 필리-삔-스

□ 마닐라 **मनीला** 마닐-라-

□ 한국 **दक्षिण कोरिया** 닥신 꼬리야-

□ 서울 **सउल** 사울

유럽 यूरोप 유-롭

□ 그리스 **यूनान** 유-난-

□ 아테네 **एथेंस** 에텐스

□ 네덜란드 **नीदरलैंड** 니다르랜드

□ 암스테르담 **ऐंस्टर्डैम** 엠스따르댐

□ 노르웨이 **नॉर्वे** 너르웨

□ 오슬로 **ओस्लो** 오슬로

□ 덴마크 **डेनमार्क** 덴마-르끄

□ 코펜하겐 **कोपनहेगन** 꼬빤헤간

□ 독일 **जर्मनी** 자르머니-

□ 베를린 **बर्लिन** 바를린

□ 러시아 **रूस** 루-스

□ 모스크바 **मास्को** 마스꼬

□ 루마니아 **रोमानिया** 로마-니야-

□ 부쿠레슈티 **बुकेरेस्ट** 부께레스뜨

Unit 17 देश का नाम · राजधानी का नाम

□ 룩셈부르크 **लक्ज़मबर्ग** 락잠바르그
□ 룩셈부르크 **लक्ज़मबर्ग** 락잠바르그

□ 벨기에 **बेल्जियम** 벨지얌
□ 브뤼셀 **ब्रुसेल्स** 브루쎌스

□ 스웨덴 **स्वीडन** 스위-단
□ 스톡홀름 **स्टॉकहोम** 스떡홈

□ 스위스 **स्विट्ज़रलैंड** 스윗자를랜드
□ 베른 **बर्न** 바른

□ 스페인 **स्पेन** 스뻰
□ 마드리드 **मद्रिद** 마드리드

□ 아일랜드 **आयरलैंड** 아-야를랜드
□ 더블린 **डबलिन** 다블린

□ 영국 **यूनाइटेड किंगडम** 유-나-이떼드 낑담
□ 런던 **लंदन** 란단

□ 오스트리아 **ऑस्ट्रिया** 어스뜨리야-
□ 빈 **विएना** 비에나-

□ 우크라이나 **युक्रेन** 유끄렌
□ 키예프 **कीव** 끼-우

□ 이탈리아 **इटली** 이뜰리-
□ 로마 **रोम** 롬

□ 체코 चेक 쩨끄

□ 프라하 प्राग 쁘라-그

□ 포르투갈 पुर्तगाल 뿌르떠갈-

□ 리스본 लिस्बन 리스반

□ 폴란드 पोलैंड 뽈랜드

□ 바르샤바 वारसॉ 와-르서

□ 프랑스 फ़्रान्स 프란-스

□ 파리 पेरिस 뻬리스

□ 핀란드 फ़िनलैंड 핀랜드

□ 헬싱키 हेलसिंकी 헬씽끼-

□ 헝가리 हंगरी 항그리-

□ 부다페스트 बुडापेस्ट 부다-뻬스뜨

아프리카 अफ़्रीका 아프리-까

□ 가나 घाना 가ʰ나-

□ 아크라 अक्रा 아끄라-

□ 나이지리아 नाइजीरिया 나-이지-리야-

□ 아부자 अबुजा 아부자-

□ 남아프리카공화국 दक्षिण अफ़्रीका 닥신 아프리-까

□ 프리토리아(행정) प्रिटोरिया 쁘리또리야-

□ 블룸폰테인(사법) ब्लोमफांटेन 블롬판뗀

□ 케이프 타운(입법) केप टाउन 께쁘 따-운

Unit 17 देश का नाम · राजधानी का नाम ▶▶▶

□ 모로코 मोरक्को 모록꼬

□ 라바트 रबात 라바-뜨

□ 모리셔스 मॉरिशस 머리샤스

□ 포트루이스 पोर्ट लुई 뽀르뜨 루이-

□ 수단 सूडान 수-단-

□ 하르툼 खार्तूम 카-르뚬-

□ 알제리 अल्जीरिया 알지-리야-

□ 알제 अल्जीयर्स 알지-야르스

□ 에티오피아 इथियोपिया 이티요삐야-

□ 아디스아바바 अदिस अबाबा 아디스 아바-바-

□ 우간다 युगांडा 유간-다-

□ 캄팔라 कंपाला 깜빨-라-

□ 이집트 मिस्त्र 미스라

□ 카이로 काहिरा 까-히라-

□ 케냐 केन्या 께냐-

□ 나이로비 नैरोबी 내로비-

□ 탄자니아 तंजानिया 딴자-니야-

□ 도도마 दोदोमा 도도마-

오세아니아 ओशिआनिया 오시아-니아-

□ 뉴질랜드 न्यूजीलैंड 뉴-질-랜드

□ 웰링턴 वेलिंगटन 벨링딴

□ 호주 ऑस्ट्रेलिया 어스뜨렐리아-

□ 캔버라 कैनबरा 깬바라-

아메리카 अमेरिका 아메리-까-

□ 멕시코 मेक्सिको 멕씨꼬

□ 멕시코시티 मेक्सिको सिटी 멕씨꼬 씨띠-

□ 미국 यूनाइटेड स्टेट्स ऑफ अमेरिका
유-나이떼드 스뗴스 아프 아메리-까-

□ 워싱턴 वाशिंगटन डी.सी. 와싱딴 디-.씨-.

□ 베네수엘라 वेनेज़ुएला 베네주엘라-

□ 카라카스 काराकास 까-라-까-스

□ 브라질 ब्राज़ील 브라-질-

□ 브라질리아 ब्राज़ीलिया 브라-질-리아-

□ 아르헨티나 अर्जेंटीना 아르젠띠-나-

□ 부에노스아이레스 ब्यूनस आयर्स 뷰-나스 아-야르스

□ 칠레 चिली 찔리-

□ 산티아고 सैंटियागो 쌘띠야-고

□ 캐나다 कनाडा 까나-다-

□ 오타와 ओटावा 오따-와-

□ 콜롬비아 **कोलंबिया** 꼴람비야-
□ 보고타 **बोगोटा** 보고따-

□ 쿠바 **क्यूबा** 뀨-바-
□ 아바나 **हवाना** 하와-나-

□ 페루 **पेरू** 뻬루-
□ 리마 **लीमा** 리-마-

관련 단어

- □ **दुनिया** 두니야- ⓕ 세계, 세상
- □ **देश** 데슈 나라, 국가
- □ **जनता** 잔따- 국민
- □ **जनसंख्या** 잔상캬- ⓕ 인구
- □ **राजधानी** 라-즈다ʰ-니- ⓕ 수도
- □ **शहर** 셰헤르 도시
- □ **देहात** 데하-뜨 시골
- □ **संस्कृति** 산스끄리띠 ⓕ 문화
- □ **गणराज्य** 간라-져 공화국
- □ **विकसित देश** 비끄씨뜨- 데슈 선진국
- □ **विकासशील देश** 비까-스실- 데슈 개발도상국

복습문제 अभ्यास

1 다음 단어를 힌디어 혹은 우리말로 고쳐 보세요.

a) 얼룩말 ______________ 코끼리 ______________

뱀 ______________ 호랑이 ______________

사슴 ______________

b) 백조 ______________ अबाबील ______________

गिद्ध/ उक़ाब ______________

올빼미 ______________ 학, 두루미 ______________

2 다음 그림과 단어를 연결해 보세요.

तितली　　मकड़ी　　व्याध पतंग　　जुगनू　　टिड्डा

3 다음 보기에서 단어를 골라 빈칸에 써넣어 보세요.

a) व्हेल　टूना　कार्प　शार्क　झींगा　सैल्मन

b) अखरोट　मूँगफली　अंजीर　आड़ू　स्ट्रॉबेरी　किशमिश

c) बलूत　अंकुर　बीज　पत्ता　बाँस　चीड़

d) सूरजमुखी　ऑर्किड　सिंहपर्णी　कमल　बनफ्शा/ स्त्रीवत

a) 참치 ____________ 새우 ____________ 연어 ____________

잉어 ____________ 상어 ____________ 고래 ____________

b) 호두 ____________ 무화과 ____________ 딸기 ____________

복숭아 ____________ 땅콩 ____________ 건포도 ____________

c) 잎 ____________ 싹 ____________ 씨앗 ____________

떡갈나무 ____________ 대나무 ____________ 소나무 ____________

d) 해바라기 ____________ 민들레 ____________ 제비꽃 ____________

난초 ____________ 연꽃 ____________

4 다음 그림과 단어를 연결해 보세요.

•	•	•	•	•
•	•	•	•	•
गाजर	खीरा	लहसुन	मिर्च	कुकुरमुत्ता

5 다음 단어를 힌디어 혹은 우리말로 고쳐 보세요.

a) 호수 ____________ 언덕, 구릉 ____________

खड़ी चट्टान ____________ 숲 ____________

पत्थर ____________ 사막 ____________

b) 눈 ________________ बादल ________________

하늘 ________________ हवा/ वायु ________________

얼음 ________________ बि ________________

c) 기름 ________________ विद्युत/ बिजली ____________

불 ________________ 빛 ________________

पानी/ जल ____________ 수증기 ________________

d) 회색 ________________ 노란색 ________________

갈색 ________________ हरा ________________

पीतशुभ्र ____________ 은색 ________________

e) 해 ________________ पृथ्वी ________________

달 ________________ 보름달 ________________

별 ________________ आकाशगंगा ____________

f) 섬 ________________ 육지 ________________

रेगिस्तान ____________ 해협 ________________

भूमध्य रेखा ____________ 바다 ________________

6 **다음 빈칸에 알맞은 힌디어를 써넣어 보세요.**

a) 밖으로 나가자. ________________ निकलें

b) 집에서부터 역까지 घर ____________ स्टेशन ________________

c) 바다 밑에서 समुद्र के ________________

7 다음 빈칸에 알맞은 힌디어 혹은 우리말을 써넣어 보세요.

a) बड़ा 큰 ↔ ___________ 작은

उज्ज्वल ___________ ↔ ___________ 어두운

b) ___________ 넓은 ↔ संकीर्ण ___________

सुखी 행복한 ↔ ___________ 괴로운, 불행한

c) ___________ 깨끗한 ↔ ___________ 더러운

अमीर/ धनी 부유한 ↔ ___________ 가난한

8 다음을 우리말로 고쳐 보세요.

a) थाईलैंड ___________ जापान ___________

ऑस्ट्रेलिया ___________ चीन ___________

भारत ___________ तुर्की ___________

b) यूनाइटेड स्टेट्स ऑफ अमेरिका ___________

यूनाइटेड किंगडम ___________

जर्मनी ___________ इटली ___________

फ़्रान्स ___________ रूस ___________

c) दुनिया ___________ राजधानी ___________

संस्कृति ___________ जनता ___________

देश ___________ देहात ___________

1 a) ज़ेबरा हाथी साँप बाघ हिरन
b) हंस 제비 독수리 उल्लू सारस

2 거미 - मकड़ी 잠자리 - व्याध पतंग 나비 - तितली 메뚜기 - टिड्डा
개똥벌레 - जुगनू

3 a) टूना झींगा सैल्मन कार्प शार्क व्हेल
b) अखरोट अंजीर स्ट्रॉबेरी आड़ू मूँगफली किशमिश
c) पत्ता अंकुर बीज बलूत बाँस चीड़
d) सूरजमुखी सिंहपर्णी बनफ्शा/ स्त्रीवत ऑर्किड कमल

4 오이 - खीरा 마늘 - लहसुन 당근 - गाजर 버섯 - कुकुरमुत्ता 고추 - मिर्च

5 a) झील टीला 절벽 वन 바위 रेगिस्तान
b) बर्फ़ 구름 आसमान 바람 बर्फ़ बारिश
c) तेल 전기 आग रोशनी/ प्रकाश 물 भाप
d) धूसर पीला भूरा 녹색 상아색 रूपहला
e) सूरज/ सूर्या 지구 चाँद पूर्णचंद्र तारा 은하계
f) द्वीप भूमि 사막 जलसंधि 적도 समुद्र/ सागर

6 a) बाहर
b) से, तक
c) नीचे

7 a) छोटा 밝은 अँधेरा
b) चौड़ा 좁은 दुःखी
c) स्वच्छ/ साफ़ गंदा ग़रीब

8 a) 태국 일본 호주 중국 인도 터키
b) 미국 영국 독일 이탈리아 프랑스 러시아
c) 세계, 세상 수도 문화 국민 나라 시골

Index

● Theme 10의 unit 17 **나라 이름 · 수도 이름** 부분 등은 색인에서 제외하였습니다.

한글 색인

수

ㄱ

한글 색인
힌디어 색인

한글 색인

힌디어 색인

한글 색인

힌디어 색인

ㄴ

한글 색인

힌디어 색인

ㄹ

ㅁ

ㅂ

ㅅ

한글 색인

힌디어 색인

ㅇ

한글 색인

힌디어 색인

한글 색인

힌디어 색인

ㅋ

ㅌ

ㅍ

한글 색인

힌디어 색인

힌디어 색인

आ

한글 색인

힌디어 색인

ऊ

ऋ

ए

ऐ

ख

ग

घ

च

झ

ट

ठ

ड

한글 색인

힌디어 색인

ढ

त

थ्

द्

ध

फ

ब्

भ

ल

व

श

ष

स

한 번만 봐도 기억에 남는

테마별 회화 힌디어 단어 2300

초판 1쇄 인쇄 | 2020년 1월 6일
초판 1쇄 발행 | 2020년 1월 10일

지은이 | 이동원
감 수 | Nrusingha Charan Kar
편집 주간 | 이형석
편 집 | 이말숙
디자인 | 한선화
그린이 | 황종익
제 작 | 선경프린테크

펴낸이 | 남승천, 박영진
펴낸곳 | Vitamin Book
등 록 | 제318-2004-00072호
주 소 | 07251 서울특별시 영등포구 영신로 40길 18 윤성빌딩 405호
전 화 | 02) 2677-1064
팩 스 | 02) 2677-1026
이메일 | vitaminbooks@naver.com
웹하드 | ID vitaminbook PW vitamin

ISBN 979-11-89952-60-0 (13790)

이 도서의 국립중앙도서관 출판예정도서목록(CIP)은 서지정보유통지원시스템 홈페이지(http://seoji.nl.go.kr)와 국가자료공동목록시스템(http://www.nl.go.kr/kolisnet)에서 이용하실 수 있습니다.(CIP제어번호 : CIP2019049455)

웹하드에서 mp3 파일 다운 받는 방법

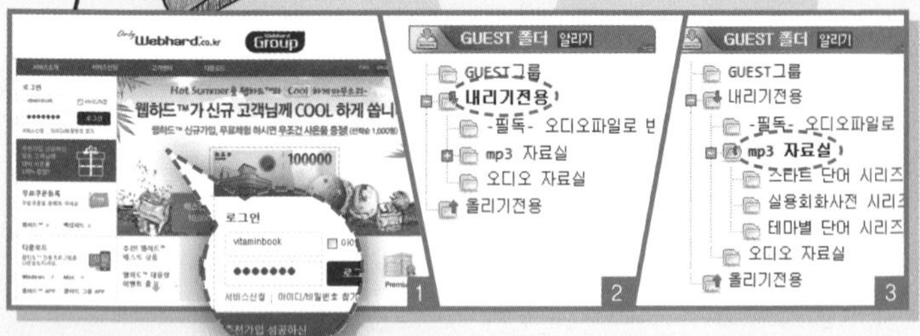

다운 방법

STEP 01 웹하드 (www.webhard.co.kr) 에 접속
아이디 (vitaminbook) 비밀번호 (vitamin) 로그인 클릭

STEP 02 내리기전용을 클릭

STEP 03 Mp3 자료실을 클릭

STEP 테마별 회화 힌디어 단어 2300 을 클릭하여 다운

콜롬북스에서 앱으로 mp3 파일 다운 받는 방법

도서 미디어, MP3 콘텐츠를
어디서나 간편하게! 콜롬북스

다운 방법

STEP 01 앱스토어 또는 구글플레이 스토어에서 '콜롬북스어플' 다운로드 및 설치

STEP 02 테마별 회화 힌디어 단어 2300 검색 후 mp3 파일 다운로드

STEP 03 안드로이드 & 아이폰 (휴대폰) 에서 즉시 청취 가능